O TOURO ENCANTADO DA ILHA DOS LENÇÓIS

O Sebastianismo no Maranhão

Pedro Braga

ISBN-13: 9798389110717
ISBN-10: 1477123456

Cover design by: Art Painter
Library of Congress Control Number: 2018675309
Printed in the United States of America

*Em memória de meu pai, quem primeiro
me falou de Dom Sebastião.*

SUMÁRIO

PREFÁCIO

O presente livro trata da lenda que se criou em torno da figura de Dom Sebastião, rei de Portugal, desaparecido na batalha de Alcácer-Quibir, no Norte da África, no século XVI. Mito messiânico, o sebastianismo foi trazido para o Brasil, sofrendo aqui algumas modificações de natureza sincrética. O Touro Encantado da Ilha dos Lençóis *estuda principalmente a forma assumida por essa narrativa mítica no Litoral Norte do Brasil, mais precisamente na Ilha dos Lençóis, situada entre o Maranhão e o Pará.*

Em Portugal, o sebastianismo possuía uma feição eminentemente política, havendo o sebastianismo das classes dominantes e o popular, ambos, porém, corporificando uma ideologia libertária. Dom Sebastião, o libertador, era chamado ora de O Encoberto, *ora de* O Desejado.

O autor, além de estudar o aspecto político do mito em Portugal, analisa o messianismo sebastianista no quadro do sistema de imagens da cultura popular no Brasil. Esmiúça os elementos simbólicos e arquetípicos pertencentes a diferentes culturas, propondo correlações, notadamente os ligados à religiosidade, ao sentimento religioso. O seu método é o histórico-cultural, e pretende contribuir para uma "ciência das ideologias".

É por todos os títulos interessante a análise que faz das profecias do Padre António Vieira e da poesia de Fernando Pessoa. Demonstra, por outro lado, a "coincidência de motivos entre a narrativa mítica da Ilha dos Lençóis e alguns poemas do poeta português, publicados em seu livro Mensagem". *De igual modo, os motivos recorrentes na obra de Camões, Homero e Virgílio são também analisados com o intuito de identificar suas matrizes ideológicas, análise que se estende à lenda celta acerca da navegação de S. Brandão, e às lendas das "maravilhas da Índia".*

Quem em São Luís do Maranhão, no Litoral ou na Baixada Maranhense não ouviu falar em Dom Sebastião? Sempre se ouviu falar nas aparições desse monarca português, vistas por embarcadiços ou pescadores, moradores das praias, como lá são chamados não só os povoados à beira mar, mas também as ilhas do Litoral Norte, como o arquipélago de Maiaú, já no rumo do estado do Pará. Dom Sebastião constitui, pois, um forte componente do imaginário popular do Maranhão.

O sebastianismo chegou com os portugueses. E para aquelas bandas eles vieram numerosos. Na Histoire de l'Empire du Brésil, Warden contabiliza 400 habitantes lusitanos e 80 soldados, no ano de 1648, no Maranhão. Em 1658, esse número já se eleva a 700 almas. Só em São Luís, em 1683, havia mais de mil portugueses. Em 1819, o Maranhão contava com 66.668 habitantes livres.

Simão Estácio da Silveira, cristão-novo

nascido no Arquipélago dos Açores, organizou uma empresa de colonização a fim de trazer lisboetas e ilhéus para habitar naquelas paragens, que ele proclamava paradisíacas, isto no ano de 1624, ano em que publicou seu famoso folheto Relação Sumária das Cousas do Maranhão.

Em 1751, Dom José I editava Carta Régia "contratando com José Alves Torres a transferência de mil pessoas das Ilhas dos Açores para o Pará, a fim de fomentar a agricultura".

Para ali aportaram trazendo suas crenças, folclore, mitos, lendas, costumes. Dom Sebastião veio junto, como veio também a crença na predestinação portuguesa, o Quinto Império no Mundo, as profecias de Bandarra, e o messianismo dos cristãos-novos. O Padre António Vieira, que viveu no Brasil e aí pregou, deu uma forma erudita e sistemática à ideologia da predestinação de Portugal, como se depreende do presente texto.

Os portugueses, com as grandes navegações iniciadas sob a inspiração do Infante Dom

Henrique, desvendaram os mistérios do mar-oceano e inundaram o mundo de então com outros mistérios.

Da ribeira do Restelo partiram as naus lusitanas plenas de sonhos, concebidos por esse grande homem de Estado que foi Dom João II, o Príncipe Perfeito, e levados a bom termo pelo seu sucessor, Dom Manuel, o Venturoso.

O mito sebastianista está tão enraizado na cultura brasileira que não passou despercebido no plano literário. Romances como O Reino Encantado, de Araripe Junior, A Pedra do Reino, de Ariano Suassuna, e Cais da Sagração, de Josué Montello, retratam bem a presença de Dom Sebastião no imaginário popular.

Esse texto fez parte das leituras recomendadas no Curso de Doutorado em Ciência Política da Universidade Técnica de Lisboa.

Sobre ele o renomado antropólogo francês Claude Lévi-Strauss, professor do Collège de France, escreveu: "Muito aprendi com a sua leitura".

Obra recomendada não só para antropólogos,

mas também para historiadores, cientistas políticos, psicólogos, professores de literatura, estudiosos da ciência das religiões e teólogos.

INTRODUÇÃO

O mito do touro encantado das praias dos Lençóis ainda está extremamente vivo entre a população do Litoral Norte do Maranhão. É a principal lenda veiculada pela tradição oral naquela região.

De pronto, chamou-nos atenção seu aspecto simbólico, bem como a identidade de seus motivos com outras manifestações da cultura popular. Preferimos, por isso, adotar a perspectiva do método histórico-cultural na sua abordagem, privilegiando a temática simbólica do discurso mítico. Não se trata, portanto, de um estudo da estrutura do conteúdo nos moldes da metodologia proposta por Vladimir Propp em sua obra *Morfologia do Conto,* e que será depois retomada e adaptada por Lévi-Strauss na descrição e interpretação dos mitos. Para esse método, a significação reside não na intriga da história, mas na estrutura das constantes formais ou mitemas, como designou Lévi-Strauss.

Para nossa análise, interessaram mais os motivos e os temas recorrentes no mito e os seus significados simbólicos no sistema de imagens da cultura popular. Neste sentido, somos, em grande parte, tributários do enfoque dado por Mikhail Bakhtine em seu estudo fundamental sobre a obra de François Rabelais e a cultura popular na Idade Média e na Renascença.

A palavra *mito* significa, em grego, narrativa; e o vocábulo latino *legenda* (lenda) quer dizer, exatamente, "destinado para ser lido". Com efeito, todo mito é uma leitura do real. E cada classe social veicula seu sistema de narração. Nesse sentido, a ideologia é esse grupo de narrações abstratas que uma dada sociedade dá de si, mascarando-se: "O nível narrativo e ideológico não é senão a superfície, ou a aparência, do que é produzido a um nível mais profundo ou mais real", como afirma Jean Pierre Faye. (1) O objetivo do mito é o de tentar resolver uma contradição, como afirma judiciosamente Lévi-Strauss na sua obra *Antropologia Estrutural.*

Cosmogonia, representação ou resolução, o mito, em todo caso, nasce dessa poética coletiva que possui suas leis próprias, e que exprime as inquietações do homem diante do mundo.

As raízes históricas do sebastianismo foram tratadas propositadamente de maneira sucinta. Não nos interessava historiá-las exaustivamente, mas tão-somente retraçar as suas grandes linhas, dando ênfase a seu aspecto de ideologia. Assim, deixamos de mencionar os falsos Dons Sebastião, os diferentes movimentos político-sociais na luta pela libertação de Portugal do domínio espanhol, bem como as metamorfoses por que passou o sebastianismo ao longo dos séculos, em

Portugal.

Objetivamos apenas contextualizar as matrizes do mito para melhor compreender a sua versão da Ilha dos Lençóis.

Deixamos de mencionar de igual modo movimentos sebastianistas em outros estados do Brasil, tanto na época colonial como mais recentemente, porque fugia aos objetivos a que nos propusemos. Sobre o assunto, já existem os relatos de Maria Isaura Pereira de Queiroz constantes de sua tese o *Messianismo no Brasil e no Mundo,* onde aliás não há referência ao mito sebastianista da Ilha dos Lençóis.

A primeira pessoa a quem procuramos já há algum tempo em São Luís do Maranhão foi o jornalista Erasmo Dias que nos narrou com a sua verve habitual a lenda do touro encantado. Originário da cidade de Cururupu, Erasmo repetia o mito com a convicção de um pescador da região. Procuramos também um embarcadiço dos Lençóis que aceitou conceder-nos uma entrevista acerca do assunto. Inicialmente com aquela prudência de quem fala de coisas sagradas, depois com a desenvoltura de quem conta um pouco da saga de sua vida acostumada com os perigos e os encantos do mar.

Consultamos igualmente algumas fontes escritas. Muitas de nossas buscas foram infelizmente em vão. Por exemplo, o artigo "A Lenda de D. Sebastião", publicado pela revista *Atenas* (Fev. 1942) já não mais estava na coleção pertencente à Biblioteca Pública do Estado do Maranhão, recortado que fora por tesouras implacáveis de algum pesquisador das horas vagas. Por outro lado, Inácio Raposo transcreveu, sob o título de "O Rei Touro", no *Diário de S. Luís* (Fev. 1950), um excerto desse artigo da revista *Atenas.* Pelo que constatamos, o que ali é narrado coincide com o que nos contara Erasmo. Pensamos mesmo que fora ele o autor do dito artigo. O jornal *O Litoral,* de Cururupu, na edição de 29 de Abril de 1917, publicou uma matéria, "Os Mistérios do Lençóis", em que se refere à lenda, porém muito sucintamente, dedicando mais espaço a um caso de contrabando que ocorrera na região. No que tange a fontes escritas, só nos foi possível consultar o artigo de Silvestre Fernandes, geógrafo originário de Cururupu, que nos legou um precioso relato.

Tive a ventura de conviver algum tempo com os habitantes da Ilha dos Lençóis, durante a pesquisa de campo. Pude observar o seu cotidiano de trabalho e lazer; suas alegrias e tristezas; a faina dos pescadores; a labuta das mulheres no trato do peixe e camarão; a salga. Ouvi histórias fantásticas que tinham claro intuito de transmitir aos mais jovens técnicas de conservação do pescado. Era a pedagogia através do imaginário. Aprendi com aquela comunidade, sobretudo, como viver pobremente, simplesmente, no "paraíso".

Para as citações bíblicas nos valemos da *Bíblia de Estudos de Genebra*, edição revista e atualizada da tradução de João Ferreira de

Almeida.

Finalmente, é de longa data que vimos investigando tal assunto, motivado, em certa medida, por minha origem portuguesa. O presente texto foi publicado originalmente em 1973 na *Revista Brasileira de Cultura*, do MEC, e ampliado para publicação no livro *A Ilha Afortunada*, em 1987, versão essa que fazia parte das leituras recomendadas no Curso de Pós-graduação em Ciência Política da Universidade Técnica de Lisboa.

Fizemos, ainda, para a presente edição alguns acréscimos.

RAÍZES HISTÓRICAS

DO SEBASTIANISMO

Não se trata de reescrever a história do messianismo e do sebastianismo em Portugal e Brasil. Muitas obras existem que versam sobre o assunto. Apenas retraçaremos, de maneira um tanto quanto esquemática e sucinta, as grandes linhas do messianismo português, posto que nosso interesse maior é o de depreender dessa representação e desse movimento os seus significados ideológicos.

Nos séculos IV e VII apareceram textos proféticos conhecidos como "sibilinas cristãs". Referiam-se a um rei cristão que, a partir de Jerusalém, unificaria, sob seu império, todo o mundo habitado. Haveria paz na Terra e a humanidade toda seria convertida ao cristianismo. O soberano dos "últimos dias", ao término de seu reinado, deixaria no monte Gólgota sua coroa, e adviriam a ofensiva final do anticristo e o fim do mundo. As "sibilinas cristãs" foram difundidas durante toda a Idade Média, chegando inclusive a serem impressas no final do século XV.

Com efeito, a Idade Média na Península Ibérica foi uma época de intensa expectativa messiânica. No século XIII, Joaquim de Fiori, na obra *Concordia et Veteris Testamenti*, retoma a escatologia dos cristãos primevos: "O primeiro estado foi o da ciência (isto é, aquele em que se é obrigado a aprender); o segundo é o da sabedoria; o terceiro será o da plenitude da inteligência. O primeiro foi o da servidão; o segundo é o da dependência filial; o terceiro será o da liberdade. O primeiro transcorreu sob o chicote; o segundo está sob o signo da ação; o terceiro será o da contemplação. O temor caracterizou o primeiro; a fé, o segundo. A caridade marcará o terceiro. O primeiro era o tempo dos escravos; o segundo é o dos homens livres; o terceiro será o dos amigos. O primeiro era o tempo dos velhos; o segundo é o dos jovens; o terceiro será o das crianças. O primeiro estava sob a luz das estrelas; o segundo é o momento da aurora; o terceiro será o do dia pleno. O primeiro foi o inverno; o segundo, a primavera; o terceiro será o verão. O primeiro trouxe urtigas; o segundo traz rosas; o terceiro trará lírios. O primeiro produziu ervas; o segundo, espigas; o terceiro fornecerá fermento. O primeiro é comparável à água; o segundo, ao vinho; o terceiro será ao óleo." (2) Ou seja: o tempo de "antes da graça", o "da graça", e finalmente "o que esperamos, que está próximo", ou da "graça maior".

Por outro lado, São Vicente de Ferrer, no início do Século XV, pregava a iminência do Juízo Final. No século XVI, as concepções joaquimitas (3) ainda eram influentes no seio do clero; e diversas profecias circulavam no meio popular: a de Nostradamus, na França, as de Isidoro de Sevilha e João de Rocacelsa, na Espanha. Acerca de Isidoro de Sevilha, António Vieira escreveu, comentando uma predição anônima, anotada pelo franciscano Frei Zacarias, fundador do convento de Alenquer, e guardada no mesmo convento: "Isidoro foi Santo Isidoro, Arcebispo de Sevilha, cujas profecias são famosas em Espanha, e o principal sujeito delas, o rei que chama encoberto, e diz que há de dominar o mundo." (4) Com efeito, na Península Ibérica, vivia-se um clima de verdadeira febre messiânica. Por volta de 1520, Frei Pedro de Frias coloca em versos as profecias de Isidoro e as imprime em Valença com o titulo de as *Coplas de Fray Pedro de Frias.* Nessa obra, seu autor alude a "un rey que non se descubre". E esta é a nota comum: as antevisões, todas elas, faziam referências ao *Encubierto* — personagem misteriosa que haveria de edificar grande Império Cristão. Isso num contexto de derrota da incipiente burguesia, dos artesãos e "menestrales" na luta contra a nobreza latifundiária, no reino de Valença, redundando no esmagamento da *Germania de Valencia,* grupo armado dos plebeus nos embates sociais da época.

O clímax dessa expectativa messiânica, entretanto, foi atingido com a divulgação entre 1530 e 1540 das célebres *Trovas,* de autoria do sapateiro Gonçalo Anes, conhecido pelo epíteto de Bandarra. De Trancoso, cidade onde residia, difundiu-se para todo Portugal a sua mensagem:

> —*Este Rei tem tal nobreza*
> *Qual eu nunca vi em rei*
> *Este guarda bem a lei*
> *Da justiça e da grandeza*
> ....
> ....
> —*Os outros reis mui contentes*
> *De o verem imperador;*
> *Todos terão um amor*
> *Gentios como pagão*
> ....
> ....
> —*Servirão um só senhor*
> *Jesus Cristo que nomeio*
> *Todos crerão que já veio*
> *O ungido do Senhor.*

A gênese do milenarismo cristão deita suas raízes no *Apocalipse*, atribuído ao apóstolo João, que pela primeira vez refere-se a "milênio", _ e nas profecias de Davi, Isaías e Daniel. (5) O sonho interpretado por Daniel para Nabucodonosor mencionava uma estátua feita de quatro materiais diferentes e destruída por uma pedra que rolara montanha abaixo. Segundo Daniel, esses quatro materiais significavam quatro reinos que decaíam um após o outro até o advento de um quinto e último reino. António Vieira refere-se longamente a esse episódio no "Sermão de Ação de Graças pelo Nascimento do Príncipe Dom João", do qual transcrevemos um excerto: "— A cabeça de ouro — diz Daniel — significa o primeiro império, que é o dos assírios, a que hão de suceder os persas; o peito de prata significa o segundo império, que é o dos persas, a que hão de suceder os gregos; o ventre de bronze significa o terceiro império, que é o dos gregos, a que hão de suceder os romanos;

os demais de ferro, até os pés, significa o quarto império, que é o dos romanos, a que há de suceder o da pedra que derrubou a estátua; e a mesma pedra significa o quinto império, a que nenhum outro há de suceder, porque ele é o último: e assim como a pedra se levantou à altura, e se estendeu à grandeza de um monte que encheu todo o mundo, assim este império dominará o mesmo mundo, e será reconhecido e obedecido de todo ele." Mas adiante, no mesmo "Sermão", agora a respeito de uma passagem do profeta Zacarias, Vieira busca amparo a seu vaticínio: "Mostrou Deus a Zacarias quatro carroças, pelas quais tiravam outros tantos cavalos, todos diversos nas cores, e que corriam por partes também diversas. Os da primeira carroça eram castanhos, os da segunda, pombos, os da terceira murzelos, os da quarta remendados, e acrescenta o texto que fortes: *equi varii fortes* (Zac. 6, 3). — Estas quatro carroças significavam os quatro impérios, que sucessivamente precederam ao quinto". Ainda no mesmo sermão, voltando a

Daniel, no episódio sobre as bestas feras, Vieira propõe uma exegese em amparo a seu vaticínio: "Torna Deus a revelar terceira vez os quatro impérios do mundo, para declarar mais o quinto e último, e mostrou a Daniel, não já quatro metais, nem quatro carroças, senão quatro bestas feras". Cada uma dessas bestas feras seriam a representação de um império. (6)

Essa concepção da história fundada na ascensão e decadência de impérios no mundo, Vieira a construiu a partir da obra do historiador flamengo Justo Lípsio, natural dos estados católicos de Flandres. No *Livro da Constância* e no *Livro de Magnitude Romana*, Lípsio, "mais diligente observador das declinações e aumentos dos reinos e impérios, e das causas por que uns se levantam e outros caem", alude igualmente ao império universal. "... fala Lípsio do futuro império universal, que se há de levantar como um novo sol na gente mais ocidental do Oceano – que são os portugueses". Vieira apregoa, a partir de Lípsio, que o domínio do mundo vem no sentido Oriente-Ocidente: o primeiro império do mundo, o dos assírios, foi o mais oriental; em seguida, o dos persas, mais ocidental que o dos assírios; depois os gregos, mais ocidental ainda; finalmente, os romanos. Portugal seria o quinto. A análise de Lípsio, que constata, mas não identifica as razões desse movimento da história, recebe de vieira uma achega de fundo religioso: "O sol, os céus, as estrelas, os mares, todos se movem perpetuamente do Oriente para o Ocidente; e porque a roda que os ignorantes chamam da fortuna, é própria e verdadeiramente a da Providência divina, correndo sempre os movimentos naturais do universo desde o Oriente ao Ocaso, pede a proporção e harmonia do mesmo universo, que também corram do Oriente para o Ocaso os movimentos políticos." (7)

O messianismo português é a resultante da convergência de três correntes: duas correntes de natureza eminentemente religiosa (judaísmo e cristianismo), e uma corrente política.

O sentimento messiânico dos judeus vem à tona na Península Ibérica no século XV, com a sua expulsão da Espanha. Sempre em situações adversas, as pessoas desenvolvem a esperança de dias melhores. Assim, Isaac Abarbanel, célebre financista português, vaticina a vinda do messias para o ano de 1503.

O messias não veio, mas a expectativa persistia. No ano de 1526 chega a Portugal, vindo do Oriente, um judeu chamado David Rubeni que se dizia enviado por seu irmão, rei de um país oriental, e descendente da desaparecida tribo de Rubem. Anunciava ele a salvação iminente do povo eleito. Anos depois, na cidade de Setúbal, um cristão-novo, Luís Dias, afirma ser o messias, angariando inúmeros adeptos, inclusive magistrados.

Houve também um surto messiânico entre os chamados velhos cristãos, onde os sentimentos religiosos se mesclavam a considerações de natureza política. As concepções de cunho neo-joaquimita afloravam e vinham a calhar com as aspirações expansionistas das classes dominantes portuguesas. Os dois grandes "profetas" dessa nova era: Gonçalo Anes, humilde sapateiro de Trancoso, e o jesuíta António Vieira.

A intelectualidade portuguesa no século XVI exaltava em suas obras a empresa marítima de seu país, iniciada em 1415, e que ganhava uma nova dimensão. Temos assim a louvação de tal empresa nas obras de Barros, de Castanheda, de Góis, de Garcia de Resende, de Gil Vicente e na de Camões. A missão de Portugal era, com efeito, de ordem divina: seus missionários, soldados e marujos levavam a palavra de Cristo a tantas nações que a vocação a ele reservada era a de cristianizar toda a Terra. Essa era a essência e o fundamento da ideologia da predestinação portuguesa ligada ao expansionismo colonial.

Um evento da maior gravidade ocorre em 1578: o desaparecimento do rei Dom Sebastião na

Batalha de Alcácer Quibir, no Marrocos.

Filho de Dom João Manuel e de Joana de Áustria (irmã de Felipe II, rei de Castela), Dom Sebastião nasceu em Lisboa em 20 de janeiro de 1554, dezoito dias após a morte de seu pai. Herdou a coroa portuguesa em 1º de junho de 1557 com o falecimento de João III, seu avô. Reinando inicialmente sob a regência de sua avó, Catalina de Áustria, até 1567, e depois sob a de seu tio-avô, Cardeal Dom Henrique, só veio a tomar efetivamente posse da coroa em 1572, quando completou dezoito anos.

Sua educação foi confiada desde muito jovem aos jesuítas, a cargo, sobretudo, do Padre Luís Gonçalves da Câmara, formando-se, portanto, num ambiente de exaltação da propaganda e proselitismo em outras terras, característica aliás da nascente Ordem fundada por Inácio de Loyola, e que se cristalizava com o apostolado e sucessos obtidos por Francisco Xavier, na Índia, e pelo Padre António Vieira, no Brasil.

Desde que assumiu a coroa, sua principal preocupação era a de ampliar seu império na Índia. No entanto, seus conselheiros lograram convencê-lo de que era mais urgente a luta contra os muçulmanos no Norte da África. Nesse sentido, veio a calhar a deposição de Muley Mohamet por seu tio Abdal-Malik do trono do Marrocos. O monarca deposto solicitou o apoio de Felipe II contra o usurpador, que não o concedeu. Recorreu então a Portugal prometendo-lhe em troca a cidade de Larache. Dom Sebastião, que já havia feito uma incursão nas costas africanas, prontificou-se a acudi-lo, não sem antes tentar obter o apoio do rei de Castela, que lho negou igualmente. Apesar da oposição do Cardeal Dom Henrique e de muitos outros membros da nobreza lusitana, Dom Sebastião obstinadamente optou por levar a cabo sua pretensão. Criou novos impostos, apertou o controle fiscal sobre os judeus, alterou a lei da moeda e apelou para a venda de cargos, a fim de financiar seu exército de 17 mil homens.

Em julho de 1578, desembarcou em Arcila e avançou por terra até Larache, acampando nas planícies de Alcácer Quibir. Havendo antes recusado todas as vantajosas propostas feitas por Abdal-Malik, Dom Sebastião coloca suas tropas à vista dos adversários em 3 de agosto, atacando no dia seguinte. As forças marroquinas eram compostas de 30 mil homens e 40 mil ginetes. Dom Sebastião ao ver que seus soldados recuavam, arremeteu-se temerariamente contra a cavalaria árabe, vindo a perecer no campo de batalha, juntamente com alguns membros da nobreza portuguesa e os bispos de Coimbra e do Porto. O corpo de Dom Sebastião foi recolhido pelos árabes e entregue ao governador português de Ceuta, em 10 de dezembro de 1578, o que não impediu, todavia, que florescesse a lenda segundo a qual o rei se havia salvo, vivendo oculto e penitente.

Dom Sebastião, solteiro e sem filhos, foi sucedido pelo Cardeal Dom Henrique, que vem a falecer dois anos depois. Após intensa disputa pela sucessão, Felipe II, pretendente ao trono lusitano, vence as tropas de Dom António, Prior do Crato, que já se havia feito coroar solenemente. Portugal passa, então, a 15 de abril de 1581, para o domínio da Espanha (8).

À grande maioria dos portugueses, entretanto, desagrada tal dominação. É preciso lutar pela autonomia perdida, pela ruptura dos vínculos de dependência à coroa hispânica. É quando, ora por espontaneidade da gente simples do povo, ora por trama das elites nacionalistas, difunde-se a crença de que Dom Sebastião não morrera. Ele regressaria glorioso, após algum tempo de provação, em que carpia a derrota de Alcácer Quibir. Dom Sebastião viria a constituir, dessa forma, a bandeira necessária para erguer o povo em armas pela restauração da coroa portuguesa. Surge assim o mito sebástico, ideologia libertária que unifica e impulsiona as forças interessadas na libertação lusa. O que desejavam os portugueses não era simplesmente o regresso do rei desaparecido no Marrocos, mas o que isso haveria de significar: a restauração da autonomia perdida.

Tal empresa não era difícil, tanto mais que desde o seu nascimento Dom Sebastião fora saudado como sendo o rei prometido por Bandarra, aquele que realizaria a unidade do Império e da Fé no Mundo.

Na realidade, houve em Portugal dois tipos de sebastianismo: um sebastianismo de vertente popular e outro das classes dominantes.

Sobre o sebastianismo popular, escreve Joel Serrão: "Sentimento popular datado, o messianismo de caris sebastianista toma forma a partir de Alcácer Quibir, da anexação espanhola, do desfolhar das ilusões do Prior do Crato e, sobretudo, da implantação do maciço e férreo predomínio aristocrático, sancionado e legitimado pela grandeza e o poder de Felipe II. O sentimento da perdida — ou em vias disso — autonomia nacional alia-se, assim, à experiência do intolerável esmagamento popular levado a efeito pelas classes privilegiadas". (9)

E conclui: "O sebastianismo foi, deste modo, uma das conseqüências populares portuguesas desse 'desespero de viver' que Braudel pressentiu nas sociedades mediterrâneas ao findar o século XVI, quando se instituiu o ordenamento sócio-econômico e político que nós outros designamos por *antigo regime"*. (10)

Mas há o sebastianismo das classes dominantes portuguesas, que desejam ardentemente recuperar o controle do país, restaurando a Coroa, e consolidar o seu domínio colonial. O mito do Quinto Império, tão cantado em prosa e verso, é a roupagem nova do sebastianismo aristocrático, ideologia do expansionismo lusitano. E o Brasil desempenhou um papel de fundamental importância na euforia da Restauração, já que ele significava a possibilidade de concretizar-se a predestinação portuguesa de construir o Quinto Império no mundo. É ainda Joel Serrão quem escreve: "Nesta perspectiva, dir-se-ia que o mito do Quinto Império é o sebastianismo da Restauração empolgado pela experiência brasileira e pela antevisão das imensas virtualidades da colônia no contexto português e no mundial..." (11)

No "Sermão de Ação de Graças pelo Nascimento do Príncipe Dom João", quarto filho do rei Dom Pedro II de Portugal, Vieira faz propaganda do expansionismo português, a exemplo do que já fizera na *História do Futuro* em que tenta dar novo *élan* à mística nacional, assim como na obra *Esperanças de Portugal* e na inconclusa *Clavis Prophetarum:* "Quanto ao zelo da Fé del rey, que Deos guarde, diga-o o anno presente no mar e na terra: no mar nao para Guiné com hum Príncipe: batizado em Lisboa a conquistar novos Reynos, para a Igreja na África: Nao para a China a unir à mesma Igreja já abertos o mayor Império da Ásia: Nao para o Maranhão e imenso Rio das Almazonas, a converter a mayor gentilidade da América: e todas estas naos van guarnecidas de Soldados a dominar novas terras..."(12) Vieira saúda em D. João IV de Bragança o "rey que non se descubre", mencionado por Bandarra.

Com efeito, o milenarismo e o messianismo do Quinto Império encontram no Padre António Vieira o seu principal arauto. A ideologia articulada em torno do mito do Quinto Império é o ponto mais alto, no contexto cultural lusitano da época, que atinge o sebastianismo na sua metamorfose. Nesse sentido, os jesuítas jogaram um papel importante. E foram de importância decisiva na difusão do mito para o Brasil. Raymond Cantel, no seu estudo sobre o profetismo e o messianismo na obra de António Vieira, escreve que "graças a seu [dos jesuítas] apoio eficaz, o sebastianismo difundiu-se em todas as camadas da nação, não somente em Portugal, mas também nas colônias da Ásia e da América". (13)

Assim, no "Serman de S. Sebastiam pregado na Igreja do mesmo Santo de Accupe, termo da

Bahia", em 1634, António Vieira (que já havia saudado em João IV de Bragança como o provável restaurador da autonomia portuguesa, vendo nele o rei mencionado nas *Trovas* de Bandarra) faz uma nítida alusão a Dom Sebastião, o *Encoberto:* "Por isso meu invictissimo Encuberto, por mais que Diocleciano vos mande matar, por mais que os algozes vos deyxem por morto, por mais que Irene vos queyra sepultar. . . e por mais que vossas relíquias como despojos da morte, estejão repartidas pelo mesmo; eu com tudo vos reconheço vivo, vos confesso vivo, vos reverenceyo vivo, e espero de vós favores como de vivo: porque debaixo dessas apparencias da morte conservais, e incubris a realidade da vida..."(14)

Numa análise desse excerto podem-se constatar alguns motivos que irão aparecer em certas manifestações da cultura popular no Maranhão, como na lenda do Touro encantado dos Lençóis e no auto do Bumba-Meu-Boi: a retaliação do corpo ("relíquias como despojos... repartidas") e a oposição entre vida e morte ou a morte prenhe de vida. Trataremos desta questão e do seu significado ideológico na seção que vem a seguir.

e a oposição entre vida e morte ou a morte prenhe de vida. Trataremos desta questão e do seu significado ideológico na seção que vem a seguir.

O TOURO ENCANTADO DA ILHA DOS LENÇÓIS

"Nesta ilha tem um mistério."
— Dona Nini, moradora dos Lençóis —

O sebastianismo no Maranhão adquiriu características de conto maravilhoso. Conta-se que no dia 24 de junho, dia de São João, à meia noite, aparece nas praias da Ilha dos Lençóis um touro negro, deitando fogo pelas narinas e com uma estrela alvinitente à testa.(15) É Dom Sebastião encantado, o "dono da praia", como é vezo dizerem os embarcadiços que transitam por aquela região. E ele surge primeiro debaixo do pé de amesca, jurema ou emburataia, todas árvores de propaladas virtudes medicinais.

"Lençóis tem um Rei, é a única Ilha que tem", afirmam solenes os moradores do lugar. Segundo Mariazinha, dançante de mina, (16) Dom Sebastião aparece também na forma de "entidade" de culto animista. É ela quem diz: "O Rei é o dono dos Lençóis, ele é quem manda aqui, a pessoa tem que ter competência pra *receber* ele. Minha tia Raimunda Amada *recebia* o Rei e ela já viu ele. Ele apareceu pra ela de vista aberta, pingo de meio-dia, vestido de guerreiro." E continua: "Quando Rei Sebastião *baixa*, pede a vestimenta dele: coroa, roupa, manto e espada." Em Lençóis, é a mãe-de-santo Maria Tereza quem o recebe.

Muitos prodígios ocorrem na Ilha dos Lençóis Muitas pessoas já viram "uma bola de fogo que gira de sul a norte, é grande e transparente". Alguns dizem ser disco voador; outros, que é um sinal. Mariazinha já viu duas vezes, por volta das 8 horas da noite; conta que sua trajetória dura mais ou menos 15 minutos. É ainda Mariazinha quem nos relata: "Minha filha de 7 anos vê *invisível*. Um dia, ela me disse que Joãzinho (um encantado) convidou ela pra ir pro fundo; aí ela disse: 'Ele me disse que estava me esperando na maré'. Outro dia ela sonhou com ele convidando ela pra ir pro campo. Na terceira vez, ele convidou pra ir na beira do poço. E ela disse: 'Eu vou, eu vou com ele pro encanto!'"

E há a história do encantamento de um morador quando pescava em cima de uma enorme pedra, que ficaria conhecida daí por diante como a Pedra de Manuel Luís (parcel de Manuel Luís); ou a história do morro que uiva (em Lençóis, as dunas são chamadas de "morraria").

Lençóis, ilha oceânica, situa-se no Litoral Norte do estado do Maranhão (01° 22' S - 044° 54' W), a 160 quilômetros em linha reta de São Luís, a capital, e pertence ao arquipélago de Maiaú, que compreende cinco outras ilhas (Bate-Vento, Valha-me Deus, Carrapato, Guajarutiua e Mirinzal);

administrativamente está ligada ao município de Cururupu. Lençóis, aproximadamente mil hectares, possui sessenta casas e 378 habitantes; esses dedicam-se basicamente a atividades pesqueiras, cujo produto vendem principalmente para as geleiras que o comercializam em São Luís e Belém. Existem poucas quitandas precariamente sortidas e muitas vezes as pessoas, para se abastecerem de certos gêneros, têm que ir até a ilha de Bate-Vento, que fica defronte, a mais ou menos dez minutos de barco.

O acesso a Lençóis é bastante difícil, pelo fato de não existir uma linha regular de transporte. Os passageiros que para lá se deslocam são transportados por geleiras ou barcos cargueiros em condição de grande desconforto.

O povoado de Lençóis fica no ponto Norte da ilha, numa baía bastante protegida, oposta a Bate-Vento. Há na baía um profundo canal que oferece proteção para os barcos de pesca, mesmo durante as mais fortes tempestades. Os pesqueiros do povoado ficam ancorados em águas rasas, encalhados na areia. O povoado é limitado ao Norte por mangues e dunas baixas e onduladas que dão para a costa e para uma praia que faz uma curva rumo ao Sul e se prolonga por toda a extensão da ilha. O sul da ilha é pantanoso, com uma lagoa de água fresca de aproximadamente quarenta hectares, circundada por elevações de areia e depressões pantanosas. Essa área chamada de Enseada é muito rica em pássaros e nela realizam-se atividades pesqueiras. A lagoa e a área da bacia são circundadas por altas dunas, algumas das quais são cobertas por diferentes espécies vegetais. Há mangues de água salgada nas proximidades e que oferecem uma fonte de *turu*, molusco vermiforme, e de carvão, além de abrigar várias espécies de aves marinhas. A maioria das plantas úteis concentra-se nas encostas perto do povoado e na área da Enseada. Entre o povoado e a bacia surgem majestosamente as famosas dunas que se assemelham a imensos lençóis — daí a denominação da ilha. A duna mais alta chama-se Camocin, a mais ou menos cinqüenta metros acima do nível do mar. A ondulação das dunas cria ilusões de óptica em razão dos desenhos intrincados e infinitos e das variações sutis das cores branca e cinza e do rendado d' "as areias ali de prata fina", como diria Camões. Entre as dunas formam-se profundas poças de água doce verde-azul. As lagoas fornecem água para beber, lavar roupa e tomar banho, além de serem utilizadas pelos habitantes da ilha e pelos animais domésticos, como patos, gado vacum, ovinos e caprinos; os animais selvagens, principalmente pássaros, também são atraídos pelas lagoas. Água para beber e tomar banho é retirada igualmente dos poços rasos cavados perto das choupanas. (Uma das coisas que me chamou atenção é o regime de propriedade dos coqueiros: o coqueiro, mesmo plantado em qualquer lugar da Ilha, pertence a quem o plantou, o que me faz lembrar de alguns povos árabes do deserto, entre os quais o indivíduo que planta uma árvore no oásis é quem detém sua propriedade).

A Ilha dos Lençóis oferece-nos paisagens verdadeiramente feéricas. O azul das águas; a espuma imitando rendado que se desfaz com o refluxo, para se formar de novo; os raios de sol que se refletem nas areias branquíssimas e ondulantes dos cômoros — ali tudo é impregnado do fantástico. Os primeiros portugueses que se instalaram naquela região provavelmente escolheram as praias dos Lençóis para *habitat* do Rei pelo fato de suas dunas sugerirem alguma semelhança com a paisagem do Norte da África, onde desaparecera Dom Sebastião; ou talvez porque era presumivelmente a Ilha Afortunada a que se referem os textos antigos. Em todo caso, a paisagem das praias, com seus cômoros e lagos, presta-se muito bem à morada de um soberano. É o que diz esse *ponto* (17) de terreiro de mina que lá se canta nas noites de tambor:

Em cima daquele morro
Eu vi raios de sol
Em cima do mesmo morro...
É o Rei do Lençol!

Silvestre Fernandes dá-nos uma descrição das lagoas da Ilha dos Lençóis: "A vegetação higrófila começa a debruar aquela maravilha, emprestando-lhe novos retoques. A lagoa encantada infesta-se com toucados magníficos, num cenário de cores novas e suaves reflexos.

"Destaca-se uma planta do fundo do leito, onde se percebe um enramado caprichoso de rizóides que emergem na areia onde já se apresentam manchas descontínuas de sedimento humoso. Essa trama delicada movimenta-se em coleios e requebros fantásticos mal o zéfiro lhe oscula a superfície polida".(18)

Os pescadores que lá residem afirmam ser lagoas encantadas, espelho das *caruanas*. (19)

"Quando sobre as folhas veludosas das salvíneas se destacam as gotas de água faiscando aos raios de sol, persignam-se e benzem-se. São brilhantes que vieram do fundo e se desmancham à menor rajada. Carbúnculos que orlam as frontes dos poderosos senhores das águas (cavaleiros, guerreiros e príncipes), mostram-se apenas para despertar a cobiça dos seres humanos, seduzi-los e arrastá-los para os reinos ondinos." (20)

Conchas, búzios, algas — tudo o que existe pelas praias da Ilha dos Lençóis são "jóias" do Rei, que a ninguém é permitido apanhar. Caso alguém tente trazer as "jóias", o mestre do barco (único meio de transporte existente para a ilha) recusa-se terminantemente a partir, até que sejam devolvidas à praia, sob pena de afundar.

Não resta dúvida que, pela representação dos seus próprios habitantes, trata-se de um reino utópico de características edênicas. O tema do Paraíso Terrestre nos vem, entre outras fontes, do *Gênesis*, (21) que se refere a um horto ameníssimo onde havia a árvore da vida. O *Apocalipse* refere-se igualmente a tal sítio quando descreve a nova Jerusalém: "O seu fulgor era semelhante a uma pedra preciosíssima, como pedra de jaspe cristalina. [...] A cidade não precisa nem do sol, nem da lua, para lhe darem claridade, pois a glória de Deus a iluminou, e o Cordeiro é a sua lâmpada. [...] No meio da sua praça, de uma e outra margem do rio, está a árvore da vida, que produz doze frutos, dando o seu fruto de mês em mês, e as folhas da árvore são para a cura dos povos." (22) O *Deuteronômio* também reporta-se à Terra Prometida: "... o Senhor, teu Deus, te faz entrar numa boa terra, terra de ribeiros de águas, de fontes, de mananciais profundos, que saem dos vales e das montanhas; terra de trigo e cevada, de vides, figueiras e romeiras; terra de oliveiras, de azeite e mel; terra em que comerás o pão sem escassez, e nada te faltará nela; terra cujas pedras são ferro, e de cujos montes cavarás o cobre. Comerás, e te fartarás, e louvarás o Senhor, teu

Deus, pela boa terra que te deu." (23)

Essa temática é depois retomada por teólogos, historiadores e poetas. Plínio nos fala das *Insulae Fortunatae*, e Homero, Virgílio, Ovídio e Plutarco mencionam igualmente esses sítios paradisíacos.

A descrição da paisagem ideal na Antigüidade foi objeto da valiosa obra *Literatura Européia e Idade Média Latina*, de Ernest Robert Curtius, (24) de que somos tributários no que tange a esse aspecto, fornecendo-nos muitos elementos de análise e algumas pistas muito elucidativas para a identificação das matrizes da visão do paraíso na poesia grega.

Assim, o paraíso, na Antigüidade, tem a ver com a representação da paisagem ideal. E é Homero quem opera, primeiramente, a transfiguração do mundo. As forças divinas a tudo governam, e a Natureza participa como elemento do divino. Homero opta pela Natureza amável. A *Odisséia* e a *Ilíada* oferecem-nos a descrição do cenário onde vivem Atena e as ninfas: um bosque com água em abundância e uma campina verdejante. E na região dos Ciclopes, há a desabitada Ilha das Cabras:

> *Tudo em sua estação produziria:*
> *Junto à costa oferece regadios*
> *E moles prados; ao vinhedo é própria;*
> *É fofo o solo e para messe pingue.*

Há igualmente o jardim de Alcino, na *Odisséia*, rico em variadas espécies de frutos: maçãs, figos, romãs, peras, uvas, azeitonas. "As árvores — escreve Curtius — produzem durante todo o ano, reina eterna primavera e sopra vento oeste — pois a ilha dos Feácios é uma terra maravilhosa. Duas fontes regam o jardim." Há a gruta de Calipso, "num bosque de choupos, álamos e ciprestes. Quatro regatos atravessam as campinas, onde florescem violetas e heras. Viçosa parreira ensombra o portão da gruta." (25) E a gruta milagrosa de Ítaca, consagrada às ninfas. E a Ilha Siros, na qual, "abundante de vinhos, não há fome, nem doença". Ainda, a *Odisséia* refere-se a praias bem-aventuradas, onde não existe nem doença nem morte:

> *Demora Siros (se hás notícias dela)*
> *Ilha onde estão marcados os solistícios,*
> *Além da Ortígia; embora pouco vasta,*
> *Em greis abunda e armento, em grãos e vinho.*
> *Lá fome nem doença invade os homens:*
> *No grêmio da família acabam velhos,*
> *Do Argenti-arquivo e Febe asseteados.* (26)

Por outro lado, os Campos Elísios, ou Elísio, eram o sítio paradisíaco de eterna primavera, "animada pelo murmúrio do vento oeste, como no alto do Olimpo", para onde seria arrebatado Menelau. Os Campos Elísios ficavam ao Ocidente e eram também chamados de Campos Afortunados ou Ilha dos Abençoados. (27)

Homero legou para os pósteros, no plano literário, a retórica e os motivos desses sítios paradisíacos: "A primavera eterna, como teatro da vida bem-aventurada depois da morte, amável nesga da Natureza, reunindo árvores, fontes e relvas; a floresta com diferentes espécies de árvores; o tapete de flores." (28)

Não só Homero, mas também Virgílio e Teócrito ofereceram um modelo retórico de paisagem ideal prevalecente no final da Antigüidade e na Idade Média: o *locus amoenus* e a floresta mista. Na Idade Média, esse modelo retórico passou a ser um requisito poético para os mestres do estilo.

Ademais, na poesia latina, Petrônio dá-nos uma descrição desse *locus amoenus*:

Mobilis aestivas platanus diffuderat umbras
Et bavis redimita Daphne tremulaeque cupressus
Et circum tonsae trepidanti vertice pinus.
Has inter ludebat aquis errantibus amnis
Spumeus, et querulo vexabat rore lapillos.
Dignus amore locus: testis silvestris aëdon
Atque urbana Procne, quae circum gramina fusae

Et molles violas cantu sua rura colebant. (29)

Tiberiano, também poeta latino, no fim da Antigüidade, deixa-nos um belo quadro dessa paisagem poética ideal:

Amnis ibat inter herbas valle fusus frigida,
Luce ridens calculorum, flore pictus herbido.
Caerulas superne laurus et virecta myrtea
Leniter motabat aura blandiente sibilo.
Subtus autem molle gramen flore pulcro creverat;
Et croco solum rubebat et lucebat liliis.
Tum nemus fraglabat omne violarum spiritu.
Inter ista dona veris gemmeasque gratias
Omnium regina odorum vel colorum lucifer
Auriflora praeminebat flamma Diones, rosa.
Roscidum nemus rigebat inter uda gramina:
Fonte crebo murmurabant hinc et inde rivuli,
Quae fluenta labibunda guttis ibant lucidis.
Antra muscus et virentes intus hederae vinxerant.
Has per umbras omnis ales plus canora quam putes
Cantibus vernis strepebat et susurris dulcibus:

His loquentis murmur amnis concinebat frondibus,

Quis melos vocalis aurae musa zephyri moverat.

Sic euntem per virecta pulchra odora et musica

Ales amnis aura lucus flos et umbra iuverat.

(30)

Ernest Robert Curtius, a propósito do *locus amoenus* enquanto paraíso terrestre, escreve: "A épica filosófica dos fins do século XII inclui o *locus amoenus* e desdobra-o em diferentes formas do paraíso terrestre. No *Anticlaudiano*, Alano de Lille descreve a residência da Natureza como um alto castelo, rodeado de um bosque, que oferece o máximo de beleza natural (*SP*, II, 275). É "o lugar dos lugares" (*locus ille locorum*), portanto, o que há de melhor em *locus amoenus*. João de Hanville conduz-nos à fabulosa ilha de Thyle, onde, num cenário de primavera eterna, se acham reunidos os filósofos da Antigüidade (*SP*, I, 326). Aqui o lugar ameno recebeu um novo conforto: uma planície circular (*planities patulum lunatur in orbem*), o que procede da descrição de uma quinta, em Plínio (*Ep.* V, 6,7) e foi adotado por Galfrid de Vinsauf (Faral, 274, 5), que ainda lhe acrescenta um pórtico. Um dos últimos poetas-retóricos do século XII, Pedro Riga (+ 1209), faz do *locus amoenus* o tema de uma poesia inteira, Do ornato do mundo (*De ornatu mundi*, impresso entre as obras de Hildeberto, *PL*, 171, 1235 e segs.), onde reaparecem a análise dialética e a simetria (especificação das fontes e gozo, segundo os sentidos, etc.). As 'delícias' (*deliciae*) do lugar ameno são enriquecidas com especiarias, bálsamos, mel, vinho, cedro, abelhas. Sobrevêm ornatos mitológicos. O bosque de recreio é a rosa do mundo. Ela, porém, se desvanece: dirigi-vos à rosa do céu." (31)

Ainda segundo Curtius, os poetas cristãos inspiraram-se, para descrever o paraíso, na descrição que Virgílio fez dos Campos Elísios; e a descrição poética dos jardins advém, igualmente, do *locus amoenus*. (32)

Isidoro de Sevilha, que compendia em sua obra *Etymologiae* toda a sabedoria cristã que o antecedera, aí utilizando, no livro XIV, a expressão *locus amoenus*, reconhece a existência das *Insulae Fortunatae*, mas recusa-se a assimilá-las ao paraíso bíblico. "Espontaneamente, — escreve ele — dão muito rico fruto as árvores; os bosques cobrem-se espontaneamente de vides; em vez de ervas há ali messes: de onde aquele erro dos gentios, e dos versos dos poetas guando julgaram que tais ilhas, pela fecundidade do solo constituem o Paraíso. Situam-se no Oceano, do lado esquerdo da Mauritânia, próximas do Ocidente, e separadas dele pelo mar." (33)

Opinião diferente é a de Cristóvão Colombo que, num comentário a *Ymago Mundi*, de autoria do cardeal cosmógrafo Pierre D'Ailly, escreveu, assimilando o Paraíso às Ilhas Afortunadas: *"Paradisus terrestris forte est locus quem autores vocant insulas fortunatas."* (34)

Camões, por seu turno, no Canto Nono d' *Os Lusíadas*, relata que, por interferência do "Governador dos Céus e das gentes", os navegantes de Gama estavam a merecer um repouso no Paraíso, "Algum repouso enfim, com que pudesse/ Refocilar a lassa humanidade/ Dos navegantes seus, como interesse/ Do trabalho que encurta a breve idade." E aí "...determina de ter-lhe aparelhado, lá no meio/ Das águas alguma ínsula divina [...]". E nessa ilha os barões serão recepcionados por aquáticas donzelas, com danças e coréias, para contentarem a quem se afeiçoarem.

Para Camões, o *locus amoenus* situa-se em uma ilha, a Ilha dos Amores, recorrendo ele aos mesmos motivos que informam a descrição da paisagem ideal comum na Antigüidade clássica, — "Ilha que nas entranhas do profundo/ Oceano terei aparelhada,/ De dons de Flora e Zéfiro adornada." Trata-se igualmente de um lugar propício para o amor:

> *Ali, com mil refrescos e manjares,*
> *Com vinhos odoríferos e rosas,*
> *Em cristalinos paços singulares,*
> *Fermosos leitos, e elas mais fermosas,*
> *Enfim com mil deleites não vulgares,*
> *Os esperem as Ninfas amorosas,*
> *De amor feridas, para lhe entregarem*
> *Quanto delas os olhos cobiçarem.*

É pelas mãos de Vênus que as naus portuguesas de Gama chegam à ilha paradisíaca. É a descrição clássica, com todos os tropos, do paraíso terreal:

> *Já todo o belo coro se aparelha*
> *Das Nereidas, e junto caminhava*
> *Em coreias gentis — usança velha —*
> *Para a ilha a que Vénus as guiava.*
> *Ali a fermosa Deusa lhe aconselha*
> *O que ela fez mil vezes, quando amava;*
> *Elas, que vão do doce amor vencidas,*
> *Estão a seu conselho oferecidas.*
>
> ....
>
> *De longe a ilha viram, fresca e bela,*
> *Que Vénus pelas ondas lha levava*
> *(Bem como o vento leva branca vela)*
> *Para onde a forte armada se enxergava;*
> *Que, por que não passassem sem que nela*
> *Tomassem porto, como desejava,*
> *Para onde as naus navegam a movia*
> *A Acidália, que tudo enfim podia.*

. . . .

Três fermosos outeiros se mostravam,
Erguidos com soberba graciosa,
Que de gramímeo esmalte se adornavam,
Na fermosa ilha, alegre e deleitosa;
Claras fontes e límpidas manavam
Do cume, que a verdura têm viçosa;
Por entre pedras alvas se deriva
A sonora linfa fugitiva.

Num vale ameno, que os outeiros fende,
Vinham as claras águas ajuntar-se,
Onde ua mesa fazem, que se estende
Tão bela quanto pode imaginar-se;
Arvoredo gentil sobre ela pende,
Como que pronto está para afeitar-se,
Vendo-se no cristal resplandecente,
Que em si o está pintado pròpriamente.
Mil árvores estão no Céu subindo,
Com pomos odoríferos e belos:
A laranjeira tem no fruto lindo
A cor que tinha Dafne nos cabelos;
Encosta-se no chão, que está caindo

A cidreira co'os pesos amarelos;
Os fermosos limões ali, cheirando,
Estão virgíneas tetas imitando.

As árvores agrestes que os outeiros
Têm com frondente coma enobrecidos,
Álamos são de Alcides, e os loureiros
Do louro Deus amados e queridos;
Mirtos de Citereia, co'os pinheiros
De Cibele, por outro amor vencidos;
Está apontando o agudo cipariso
Para onde é posto o etéreo Paraíso.(35)

O certo é que o jardim do Éden existe em algum lugar da Terra. Essa obsessão marcou, como já vimos, o pensamento da Antigüidade e da Idade Média. E Isidoro desempenhou um papel importante na divulgação do mito. Comentando a influência do sábio de Sevilha, Sérgio Buarque de Hollanda escreveu no seu *Visão do Paraíso:* "A influência duradoura do sábio de Sevilha sobre teólogos e eruditos, pois o que receitava

Isidoro, lembrou-o um romancista moderno, será aviado nas ulteriores enciclopédias, e sua ciência, diretamente ou não, há de transformar-se em patrimônio comum de toda a Idade Média, bastaria já, na falta de outras razões, para justificar o extenso predomínio desses esquemas. A mesma paisagem amena e viridente, a mesma eterna primavera, o *non ibi frigus non aestos,* que os descobridores e conquistadores renascentistas irão buscar nas terras incógnitas do outro lado do Oceano, já tinham empolgado os primeiros autores medievais. O que dissera Santo Isidoro de Sevilha é reiterado, quase com palavras idênticas, num tratado cosmográfico latino que não lhe é muito posterior."(36)

Outra fonte fundamental da representação do Paraíso era constituída pelas lendas das "maravilhas da Índia". O ciclo das "maravilhas da Índia" gozava de grande popularidade na Idade Média: acreditava-se piamente que o Paraíso Terrestre localizava-se naquele país, nas proximidades da fonte de Juventa. Tais lendas influenciaram evidentemente todas as obras cosmográficas, relatos de viagens e obras literárias da época, além de haver inspirado os motivos de numerosas pinturas murais e esculturas de catedrais e igrejas, bem como miniaturas e iluminuras.

O primeiro autor a reunir todas as lendas dos indianos, que se reportavam aos tesouros, à flora e à fauna maravilhosas, foi o grego Ktesias de Cnide que vivia na Pérsia no século IV antes da nossa era. Essa coletânea serviu de fonte para Luciano, Plínio e Isidoro.

Outra obra, datando do século II antes da nossa era, *Physiologus,* que mistura história natural com lendas e milagres, serviu também de fonte para os autores posteriores, especialmente Isidoro, cujos trabalhos inspiraram os *Bestiários* europeus da Idade Média.

No século III a. J.C., Calisteno reuniu todas as lendas, das quais existem hoje duas versões latinas, a de Julius Valere (300) e a outra intitulada *Histórias das Guerras de Alexandre O Grande*, e que data do século X. As lendas de Calisteno, adaptadas, faziam parte de todos os tratados cosmográficos da Idade Média.

As narrativas de viagens tanto reais quanto imaginárias, como as de Marco Pólo e de Jehan de Mandeville, são marcadamente influenciadas pelas lendas das maravilhas da Índia, as quais impregnaram igualmente os versos alexandrinos d' *O Romance de Alexandre*.

Outro ciclo de lendas que seguramente exerceu influência nessa representação ideológica do Paraíso é o das lendas celtas, que se reportam às maravilhas do mar da Irlanda. Essas lendas foram registradas por Luciano e Plutarco desde o fim da Antigüidade. A principal lenda desse ciclo é a *Navigatio sancti Brandani*, velho mito irlandês cristianizado que relata as peregrinações de São Brandão em companhia de dezessete monges em busca do Paraíso Terreal. A tradução da hagiografia de São Brandão do latim para o português data do século XIV.

Em alguns mapas antigos aparece uma ilha denominada pelos irlandeses de *Hy Brassail* ou *O'Brasil,* que significava ilha afortunada. Na carta geográfica de Lázaro Luís, que data de 1569, a designação "obrasil" aparece para indicar uma ilha mítica. E na carta de Fernão Vaz Dourado, que data provavelmente de 1570, a designação "O Brasil" por sobre as armas de Portugal já se referia à terra descoberta por Pedro Álvares Cabral. Por outro lado, o atlas Palmela, que é anterior a 1568, o nome "obrasil", que aparece ao lado de "homaranhão", continua a indicar uma ilha misteriosa.

A esse propósito, James Joyce, em *Finnegans Wake,* retomando tais informações, reporta-se à Ilha Brasil, a um "disincarnated spirit, called Sebastion" e ao "Brendan's mantle whitening the kerribrasilian sea".

Na literatura, o *Cancioneiro Geral,* de Garcia de Resende, menciona um sítio com características edênicas, tal como representado na época, como pano de fundo para a exaltação da ação guerreira e missionária de Portugal, que já partia em busca de novas terras. A piedade cristã misturava-se dessa maneira à ideologia expansionista que começava a empolgar as elites portuguesas.

Para o Padre António Vieira, por outro lado, a concepção de paraíso não era somente espacial; era igualmente temporal, concretizando-se no plano da história. Seria o Quinto Império que haveria, seguindo-se aos quatros anteriores (assírio, persa, grego e romano), de realizar-se em Portugal, terra de predestinação. (37)

Essa concepção reaparece em Fernando Pessoa, provavelmente tomada de empréstimo a António Vieira. Em carta dirigida ao crítico Gaspar Simões, em 18 de novembro de 1930, em que ele esclarece algumas questões relativas a seus *English Poems*, Pessoa escreveu: "Os dois poemas citados formam, com mais três, um pequeno livro que percorre o círculo do fenômeno amoroso.

E percorre-o num ciclo, a que poderei chamar imperial. Assim, temos: (1) Grécia, Antinous; (2) Roma, Ephitalamium; (3) Cristandade, *Prayer to a Woman's Body*; (4) Império Moderno, *Pan-Eros;* (5) Quinto Império, *Anteros*(...) Explicarei isto melhor, omitindo, porém, por não ser ainda a ocasião de a dar, a explicação da sucessão dos impérios e o seu íntimo sentido. O conteúdo dos poemas não é o que define os 'impérios' a que eles se reportam." (38)

Fernando Pessoa, nos passos de Vieira (a quem chamou de "Imperador da língua portuguesa"), muito esotericamente, finda seu único livro de poemas publicado em vida com um brado vieirino ("e entendamos que se passou o Cabo, porque chegou a hora".) (39), significando o momento supremo da plenificação do destino da pátria lusitana:

> *Tudo é incerto e derradeiro.*
> *Tudo é disperso, nada é inteiro.*
> *Ó Portugal, hoje és nevoeiro...*

É a hora!

É Fernando Pessoa quem melhor exprime no plano estético todos os mitos da cultura lusitana; em seu livro *Mensagem*, ele nos legou, entre outros, o poema "As Ilhas Afortunadas", onde à antiga lenda do paraíso associa o seu messianismo sebastianista:

Que voz vem no som das ondas
Que não é a voz do mar
É a voz de alguém que nos fala,
Mas que, se escutarmos cala,
Por ter havido escutar.

E só se, meio dormindo
Sem saber de ouvir ouvimos,
Que ela nos diz a esperança
A que, como uma criança
Dormente, a dormir sorrimos.
São ilhas afortunadas,
São terras sem ter lugar,
Onde o Rei mora esperando
Mas, se vamos despertando,

Cala a voz, e há só o mar. (40)

Por outro lado, Simão Estácio da Silveira, cristão-novo nascido nos Açores, escreveu, em 1624, as seguintes palavras sobre o Maranhão: "A excelência desta terra consiste em muitas cousas notórias. A primeira, no ameníssimo céu, e salubérrimo ar, de que goza aonde sempre é verão, e sempre está o campo, e o arvoredo verde carregado de infinita diversidade de frutas..." (41)

Tais descrições não coincidem com as antigas descrições do Paraíso? As matrizes ideológicas são as mesmas: o jardim do Éden, as maravilhas da Índia, as lendas celtas, o mito da *Insula Fortunata*.

Em todo caso, a construção ritual do espaço sagrado é uma necessidade do homem religioso. Faz parte da concepção tradicional do mundo. A busca desse espaço está ligada à busca do espaço e do tempo primordiais da criação do cosmo. E esse espaço deve estar no centro do mundo. É Mircea

Eliade quem escreve em seu *O Sagrado e o Profano*: "Porque a criação do homem é uma réplica da cosmogonia, daí resulta que o primeiro homem foi fabricado no 'umbigo da Terra (tradição mesopotâmica), no Centro do Mundo (tradição iraniana), no Paraíso situado no 'umbigo da Terra' ou em Jerusalém (tradições judeo-cristãs)." Para Eliade, as coisas não poderiam passar-se diferentemente, já que no *centro* é que se realiza uma ruptura de nível, o espaço "se torna sagrado, portanto *real*, por excelência."

No interior do templo de Apolo em Delfos havia uma pedra cônica, *omphalós*, para indicar o centro da Terra. Não é por acaso que o centro situava-se no interior de um templo, e não em outro lugar.

Ademais do espaço sagrado, o homem busca também o tempo sagrado, o *illud tempus*, ou seja, o tempo da origem, o tempo primordial, "o instante prodigioso em que uma realidade foi criada, em que ela se manifestou, pela primeira vez plenamente – o homem esforçar-se-á por tornar a unir-se periodicamente a esse tempo original." É isso, segundo Eliade, que conduz ao que chama de, em termos cristãos, nostalgia do paraíso. O homem desejaria "reencontrar a presença activa do Criador, e viver no mundo puro e forte recém criado, com a perfeição dos começos, o "que explica em grande parte o retorno periódico *in illo tempore.*"

Nessa linha de análise, Mircea Eliade, discorrendo sobre os jardins em miniatura dos orientais, escreve que "todo esse complexo: água, árvores, montanha, gruta, que desempenhara um tão grande papel no taoísmo, não era mais do que o desenvolvimento de uma idéia religiosa ainda mais antiga: a do *sítio perfeito*, quer dizer, *completo* – compreendendo um monte e um lago – e *retirado.*" Assim, esse esquema cosmogônico arcaico foi retomado pelos taoístas, que "elaboraram um complexo mais rico (montanha, lago, gruta, árvores)", junto ao qual praticavam a meditação. E continua Eliade: "A santidade do mundo fechado pode descobrir-se ainda nas bacias com água perfumada e tampa que simbolizavam o Mar e as Ilhas dos Bem-Aventurados." (42)

*

Após essa digressão, voltemos ao mito do touro dos Lençóis. O sortilégio, entretanto, pode ser quebrado, bastando para isso que alguém se disponha a desferir um golpe na estrela que o touro traz à testa. Caso Dom Sebastião desencante, São Luís afundará e, das praias dos Lençóis, emergirá a corte de Queluz, uma nova Jerusalém. Assim proclama a voz nasalada dos "puxadores" de toadas dos terreiros de mina:

Rei, Rei, Rei Sebastião,
Quem desencantá Lençó,

Bota abaixo o Maranhão.
Ô, quem desencantá Lençó
Bota abaixo o Maranhão.

Constata-se aqui uma ambivalência de sentimentos: o "desencanto" será acompanhado de um cataclismo, embora, nesse caso, benfazejo. O medo cósmico, esse equivalente de uma neurose coletiva, exprime-se pelo temor difuso de tudo que é incomensuravelmente grande e forte, das transformações cósmicas e calamidades naturais. É o resíduo porventura de remotas lembranças obscuras de modificações cósmicas passadas, o que, inconscientemente, suscita medo de futuras catástrofes, medo esse decorrente do sentimento de impotência dos primeiros homens diante das forças incontroláveis da natureza. O medo cósmico sempre se faz acompanhar de idéias escatológicas, isto é: de suposições sobre o que acontecerá no fim do mundo.

Observe-se a analogia do que ocorrerá, caso Dom Sebastião desencante, com a predição de Antônio Conselheiro, segundo a qual "o sertão virará praia e a praia virará sertão"— e que "das ondas do mar D. Sebastião sairá com todo seu exército", (43) a cujo eco entoam as dançantes de mina:

> *Ele é Sebastião*
> *Vem no rolo do mar, ah, ah...*
> *Vem no rolo do mar, ah, ah...*
> *Ele é pai de terreiro,*
> *"Naguma" imperiá, ah, ah...*
> *"Naguma" imperiá, ah, ah...*
> *Ele é pai de terreiro,*
> *"Naguma" imperiá, ah, ah...*

Os vaticínios do profeta de Canudos certamente difundiram-se para o Maranhão e também se refletiram na lenda do touro encantado das praias dos Lençóis; o que é muito provável em face das sucessivas migrações nordestinas para aquele estado, em busca de melhores condições de vida.

A idéia de um monarca de magnificência

e riqueza também aqui se faz presente. Aquela população praiana submetida a extrema miséria sonha o sonho cotidiano de possibilidade de melhoria econômica. À vinda de Dom Sebastião está ligado o advento de bens materiais, de melhora de vida também para ela:

Sebastião tem tesouro
Na sua mina de ouro
Ele pode, ele manda
Amansá seu touro.

Enquanto o sortilégio não se desfaz, os barqueiros e pescadores da redondeza, ao passarem ao largo das praias da Ilha dos Lençóis, por força da convicção, continuam vendo velhos sobrados coloniais, com fidalgos nos balcões, e ouvindo os cantares nostálgicos das açafatas do reino, nas noites de lua.

*

É surpreendente a coincidências de motivos entre a narrativa mítica da Ilha dos Lençóis e alguns poemas de Fernando Pessoa, publicados em seu livro *Mensagem*. Por exemplo, os oxímoros em "Ulysses" [poema em que exalta Ulisses como fundador de Lisboa e da nação portuguesa], a nos lembrar a oposição entre vida e morte: "O corpo morto de Deus,/ Vivo e desnudo." E mais: "Em baixo, a vida, metade/ De nada, morre." (44)

Nesse mesmo poema, Pessoa reporta-se ao motivo da fecundação: "Assim a lenda se escorre/ A entrar na realidade,/ E a fecundá-la decorre."

E há o motivo da ressurreição, em "Viriato": "Nação porque reincarnaste,/ Povo porque ressuscitou/ Ou tu, ou o de que eras a haste — / Assim se Portugal formou."

Na lenda sebastianista do Maranhão, quando Dom Sebastião desencantar, São Luís afundará e emergirá, na Ilha dos Lençóis, a corte de Queluz. Fernando Pessoa, no poema "Infante", escreve: "E a orla branca foi de ilha em continente,/ Clareou, correndo, até ao fim do mundo,/ E viu-se a terra inteira, de repente,/ Surgir, redonda, do azul profundo."

No poema "A Última Nau", em que evoca a partida de Dom Sebastião, o poeta indaga "A que ilha indescoberta aportou?" E mais adiante, afirma: "E em mim, num mar que não tem tempo ou spaço,/ Vejo entre a cerração teu vulto baço/ Que torna."

Embora o monarca tenha desaparecido no areal do deserto marroquino, o poeta refere-se, no poema "As Ilhas Afortunadas", já citado em outra passagem, a *mar*, a *voz que vem no som das ondas*, a *ilhas* "onde o Rei mora esperando", o que nos faz lembrar da paisagem e do imaginário dos pescadores e embarcadiços do Litoral Norte, da costa do Maranhão.

Na narrativa mítica da Ilha dos Lençóis, o *touro* aparece à noite, e Fernando Pessoa, com uma visão algo ambígua, como que num jogo de ilusão, imagina, no poema "António Vieira", o surgimento de Dom Sebastião primeiramente durante a noite, antes de acreditar que seja dia, em virtude de uma luz misteriosa: "No imenso espaço seu de meditar,/ Constelado de forma e de visão,/ Surge, prenúncio claro do luar,/ El-Rei D. Sebastião." E no poema "Tormenta", mais uma vez a palavra noite: "Isto, e o mistério de que a noite é o fausto..."

O reino de Dom Sebastião topologicamente encontra-se nas profundezas das águas (de onde emergirá com sua corte, segundo a lenda dos Lençóis). Fernando Pessoa, ainda no poema "Tormenta", escreve: "Que jaz no abismo sob o mar que se ergue?/ Nós, Portugal, o poder ser./ Que inquietação do fundo nos soergue/ O desejar poder querer."

Costa, ondas, mar, praia, ilha próxima ou remota, nau, argonauta, ilha velada escondendo um rei no exílio, "em sua vida encantada", são motivos recorrentes em *Mensagem*. Assim, o poema "Calma" apresenta grande analogia com a lenda do touro encantado que se conta no Maranhão:

Que costa é que as ondas contam
E se não pode encontrar
Por mais naus que haja no mar?
O que é que as ondas encontram
E nunca se vê surgindo?
Este som de o mar praiar
Onde é que está existindo?
Ilha próxima e remota,
Que nos ouvidos persiste,
Para a vista não existe.
Que nau, que armada, que frota
Pode encontrar o caminho
À praia onde o mar insiste,
Se à vista o mar é sozinho?

Haverá rasgões no espaço
Que dêem para outro lado,
E que, um deles encontrado,
Aqui, onde há só sargaço,
Surja uma ilha velada,
O país afortunado

Que guarda o Rei desterrado
Em sua vida encantada? (45)

E aqui a indagação: por que, tendo Dom Sebastião perecido no deserto marroquino, Fernando Pessoa imagina o Rei "exilado" ou "encantado" em uma ilha remota, "ilha indescoberta", a Ilha Afortunada, — *insula fortunata* dos antigos? Além da origem mitológica de Lisboa, referida no poema "Ulisses", e da menção aos Titãs, gigantes legendários, Fernando Pessoa remete-nos para o *locus amoenus*, em clara referência retórica à paisagem ideal dos poetas gregos da Antigüidade. No poema "Horizonte", escreve ele: "Ó mar anterior a nós, teus medos/ Tinham coral e praias e arvoredos." E mais adiante: "Mais perto, abre-se a terra em sons e cores:/ E, no desembarcar, há aves, flores,/ Onde era só, de longe a abstrata linha." E finaliza: "Buscar na linha fria do horizonte/A árvore, a praia, a flor, a ave, a fonte —/ Os beijos merecidos da Verdade."

Entre parêntesis seja dito: os motivos e as metáforas marítimas de *Mensagem* advêm provavelmente de Homero; na *Odisséia,* ele nos fala de ilhas distantes, argonautas, monstros, entes fantásticos, das profundezas abissais do mar sem fim...

A propósito da *Odisséia,* de Homero, Fernando Pessoa "aproxima" a figura de Dom Sebastião àquela de Ulisses, que se encontrava retido em uma ilha distante, longe dos seus. É Homero quem escreve:

> *Mas a aflição de Ulisses me compunge,*
> *Que, há tanto longe dos amenos lares,*
> *Em ilha está circúnflua e nemorosa,*
> *Lá no embigo do mar, onde é retido*
> *Pela filha de Atlante onisciente,*
> *Que o salso abismo sonda, o peso atura*
> *Das colunas que a terra e o céu demarcam.*

(46)

E mais ainda:

> *Cuidei, corria voz, tornado Ulisses;*
> *Mas os deuses o impedem, que inda vive*
> *Em ilha de mar vasto circunfusa*
> *Por bárbaros detido e involuntário. (47)*

*

O motivo do touro, e mais genericamente do bicho, é traço constante na cultura brasileira, manifestando-se dos modos os mais diversos. Nas cantigas de acalanto, por exemplo, com que muitas mães brasileiras adormentam seus pequerruchos, intimidando-os:

> *Boi, boi, boi*
> *Boi do Piauí, vem pegá "fulano"*
> *Porque ele não qué dormir.*

Ainda, no gosto das crianças por histórias de bicho. Em muitas delas, a figura do touro surge opulenta, bravia, indomável — ou apenas condescendente, folgazã, solidária. O touro sempre sugere-nos — talvez por um processo de associação simbólica inconsciente — algo de misterioso, de encantamento, de fantasmagórico; aparece amiúde envolto numa aura de sortilégio, sendo geralmente encarnação de algum príncipe encantado, vítima do bruxedo duma feiticeira malvada, de alguma fada perversa. (48)

Manifesta-se igualmente em muitos "pontos" engrolados em terreiros de mina ou de *cura,* como o que vem a seguir:

> *Boi, boi, boi, "seu" Légua,*
> *Tira a tamanca, ó "seu" Légua*
> *"Seu" Légua é um home,*
> *Três vezes home,*
> *Ele matou boi sem facão.*

Essa referência constante aos componentes da nossa fauna; o nosso gosto por narrativas e canções onde aparecem animais; o temor obsessivo das crianças do interior pelo

Jurupari, Tutu, Cavalacanga e outras entidades semelhantes, representadas via de regra por figuras animalescas; o gosto bem brasileiro pelo jogo do bicho — tudo isso porventura expresse — segundo Gilberto Freire —"o fato de sermos ainda, em grande parte, um povo de integração incompleta no seu *habitat* tropical ou americano". Essa fascinação quase mística pelos animais — conclui — "indica um processo, embora lento, de integração completa no meio". (49) Ou talvez signifique mera e simples recorrência aos elementos que o *habitat* tropical impõe aos nossos quadros cognitivos de referência, na faina constante de elaboração cultural.

Fernando Ortiz nos informa que "as fábulas de animais são muito numerosas e interessantes na África, tanto que parece verossímil que esta classe de narração tenha se originado entre os negros afro-ocidentais e particularmente entre os semibantus da Nigéria, onde a crença na metamorfose está tão firmemente arraigada. Sua primeira aparição, disse Talbot, parece ser nas obras de Hesíodo, que provavelmente esteve em relação com o Egito".

E continua: "Frobenius e outros observaram que as clássicas fábulas de Esopo parecem-se muito com as dos negros africanos, e até se tem dito que Esopo, escravo e feio, era de cor". (50)

O motivo do touro aparece em diferentes culturas. Os babilônios escolheram-no para representar um dos doze signos do Zodíaco. Já Virgílio, tanto na *Eneida*, quanto nas *Bucólicas*, refere-se ao episódio em que Pasífae dá à luz o Minotauro, castigada que fora porque Minos, seu esposo, não oferecera em sacrifício ao deus Posêidon (Netuno) o touro que a divindade fizera surgir das águas do mar, — Posêidon que se deileitava com as oferendas em touros e ovelhas. O Minotauro é, como se sabe, um ser ambivalente, metade homem, metade touro. (51)

Jorge Luis Borges, em *El Libro de los Seres*

Imaginarios, referindo-se a esse ente mitológico, escreve: "Ovidio, en un pentámetro que trata de ser ingenioso, habla del *hombre mitad toro y toro mitad hombre*; Dante, que conocía las palabras de los antiguos pero no sus monedas y monumentos, imaginó al Minotauro com cabeza de hombre y cuerpo de toro (*Infierno,* XII, 1-30).

"El culto del toro y de la doble hacha (cuyo nombre era *labrys,* que luego pudo dar laberinto) era típico de la religiones prehelénicas, que celebraban Tauromaquias sagradas. Formas humanas com cabeza de toro figuraron, a juzgar por las pinturas murales en la demonología cretense." (52)

Com efeito, "força vital, potência de reprodução, epifania telúrica, o touro védico, egípcio ou grego afirma-se, entre outros, como o símbolo do sangue primordial das coisas", como escreve Pierre Brunel, para acrescentar que "Heliodoro lembra, em *Etiópicas* (28-30) que ele é o animal rei sacrificado à lua." (53)

Hegel, discorrendo sobre a religião egípcia, louvando-se em informações de Heródoto, constata a zoolatria como forma básica de culto, o que demonstraria, segundo ele, a ligação entre o espiritual e o natural; a vida animal fornecendo aos humanos a intuição espiritual. E conclui que "A tosca autoconsciência dos egípcios, para quem o pensamento da liberdade humana ainda permanece fechado, venera a alma emudecida, encerrada nessa simples vida, e se solidariza com a vida animal." Isso refletiria, para Hegel, "a veneração da simples vitalidade".

A forma híbrida humano-animal de muitas divindades do panteon egípcio, a revelar uma ligação do pensamento egípcio ao conceito de natureza, bem como uma particularização da figura humana em virtude do acréscimo significativo da face animal, representaria a libertação do espírito relativamente ao mundo natural. Esse o verdadeiro segredo da esfinge, ou a revelação de seu enigma. A esfinge, metade homem, metade animal, cuja cabeça humana lhe sai do corpo, pondo-se a olhar livremente em derredor, faz com que o espírito se erga do mundo natural, arrancando-se dele, sem, no entanto, libertar-se totalmente dos grilhões. (54)

John Keats em seu célebre poema "Ode on a Grecian Urn", em que descreve os motivos esculpidos no mármore de uma antiga urna grega, interroga-se na IV estrofe, referindo-se a um cortejo em que uma novilha com guirlandas em torno da cabeça é conduzida ao sacrifício votivo, costume conhecido no mundo helênico:

> *Who are these coming to the sacrifice?*
> *To what green altar, O mysterious priest,*
> *Lead'st thou that heifer lowing at the skies,*
> *And all her silken flanks with garlands drest?*

(55)

Na França, por exemplo, havia a festa do *Boeuf Gras.* Essa festa realizava-se no equinócio da primavera e sob o signo do Touro. Há quem veja nela a sobrevivência de um culto ao deus Mitra;

ou ainda um remanescente do culto ao boi Ápis, touro sagrado do Egito e símbolo da fecundidade da terra, de que nos falam Estrabão, Heródoto e Plínio. O monstro a que se refere a lenda de São Marcelo é muitas vezes representado por um touro bravio. Há uma interpretação mais próxima do ritual cristão: a morte do boi, na véspera da quarta-feira de cinzas, significaria o fim dos "dias gordos" e a entrada da Quaresma, o último dia em que é autorizada a ingestão de carne antes do jejum.

O Boeuf Gras possuía várias denominações: *Boeuf Villé, Boeuf Viellé, Boeuf Violé* e *Boeuf Mori.* Essa última designação deveu-se ao fato de que uma criança, cingida com uma coroa de flores, e que era simbolicamente levada ao sacrifício, o acompanhava. A criança era chamada de o *rei dos açougueiros.* A festa do *Boeuf Gras,* na sua forma essencialmente folclórica, ainda existe na região do Var (França): é a festa das *Tripettes de Saint Marcel.*

Na Península Ibérica também encontramos

o motivo do boi nas festas populares e até no esporte. Há as *tourinhas* e os *touros de canastra*, na região do Minho. Na Póvoa de Varzim, Norte de Portugal, existia a tradição d'*O Passeio do Boi*: na quinta-feira santa, o gado que seria abatido durante a Páscoa era levado a cumprir um itinerário pela cidade; os animais eram abençoados antes de serem mortos. Ainda no Minho, há a procissão do *Boi Bento:* um boi ornamentado encabeça o préstito durante os festejos, como aliás acontece nos *impérios* da ilha dos Açores, e em Alcântara, no Maranhão, ocasião em que se cultua o Divino Espírito Santo.

Na Espanha, a *corrida de toros*, o grande esporte nacional, apresenta esse mesmo aspecto essencial do motivo do touro: abate do animal, retaliação do corpo, alimentação, vida, morte e renovação. Além de simbolizar a luta do homem contra a força descontrolada da natureza, uma espécie de exorcismo do medo cósmico.

Brunel escreve que "Foi sobretudo através

da tauromaquia, concebida como uma comunhão com as forças telúricas e seu componente mortal, ou como uma festa solar (ver *Les Bestiaires* de Montherlant), que a literatura contemporânea reitera os aspectos do touro mítico: a entrada na morte confirma uma espécie de 'entrada na vida'". (56)

*

O auto do Bumba-meu-boi se inscreve nessa mesma vertente, apresenta semelhante sistema de imagens.

Qual o entrecho do Bumba-meu-boi? Mãe Catarina, mulher de Pai Francisco ou Cazumbá, de idade já avançada, engravida. Grávida, deseja comer a língua do bezerro mais bonito da fazenda. Pai Francisco, instigado por ela e temeroso de que a mulher venha a perder o filho, mata o boi. Pai Francisco é perseguido e preso... seguindo-se todas as peripécias e críticas sociais e de costume, culminando com a ressurreição apoteótica do animal.

Os temas recorrentes do auto estão presentes em outras manifestações da cultura popular: a gravidez, o nascimento, a retaliação do corpo (mata-se o boi e come-se-lhe a língua), a oposição entre vida e morte (o velho dá à luz o novo) e a ressurreição.

O terceiro livro de Moisés chamado *Levítico* ensina como proceder relativamente ao ritual de culto a Deus. Trata-se, portanto, basicamente, de um manual de liturgia. Sobre o holocausto, aí está escrito: "Chamou o Senhor a Moisés e, da tenda da congregação, lhe disse: Fala aos filhos de Israel e dize-lhes: Quando algum de vós trouxer oferta ao Senhor, trarei a vossa oferta de gado, de rebanho ou de gado miúdo.

"Se a sua oferta for holocausto de gado, trará macho sem defeito; à porta da tenda da congregação o trará, para que o homem seja aceito perante o Senhor. E porá a mão sobre a cabeça do holocausto, para que seja aceito a favor dele, para a sua expiação. Depois imolará o novilho perante o Senhor".

Nesse mesmo capítulo desse livro do Antigo Testamento há ainda referência à retaliação do holocausto, bem como o uso do fogo nesse ritual propiciatório: "Então, ele esfolará o holocausto e o cortará em pedaços. E os filhos de Arão, o sacerdote, porão fogo sobre o altar e porão em ordem lenha sobre o fogo. Também os filhos de Arão, os sacerdotes, colocarão em ordem os pedaços, a saber, a cabeça e o redenho, sobre a lenha que está no fogo sobre o altar. Porém as entranhas e as pernas, o sacerdote as lavará com água; e queimará tudo isso sobre o altar; é holocausto, oferta queimada, de aroma agradável ao Senhor." Mais adiante, ele se refere ao sacrifício de um novilho pelo pecado cometido por ignorância por toda a coletividade, oferecido diante da tenda da congregação, a ser imolado perante o Senhor.

Entre os antigos hebreus, havia portanto

o sacrifício expiatório de um animal, prática que só foi abolida com o surgimento do judaísmo das sinagogas.

Em *Hebreus*, livro que se refere, em muitas passagens, a *Levítico*, lemos, a propósito do holocausto: "... se o sangue de bodes e de touros e a cinza de uma novilha, aspergidos sobre os contaminados, os santificam, quanto à purificação da carne, muito mais o sangue de Cristo, que, pelo Espírito eterno, a si mesmo se ofereceu sem mácula a Deus, purificará a nossa consciência de obras mortas, para servirmos ao Deus vivo! [...] Com efeito, quase todas as coisas, segundo a lei, se purificam com sangue; e, sem derramamento de sangue, não há remissão." (57)

Entre os antigos gregos, havia também a crença que o sangue purifica, consagrada no costume e na lei. Recordemos as palavras de Orestes durante o julgamento, no drama *Oréstia*, de Ésquilo, ele que havia cometido matricídio para vingar o pai: "O sangue adormeceu e secou na minha mão e a mancha do matricídio está lavada. Ainda estava fresca quando a eliminei do meu corpo com a oferenda purificadora de um porco, imolado no santuário de Febo." E mais adiante, dirigindo a Atena, ele afirma: "Não sou um suplicante impuro, não vim sentar-me junto da tua imagem com as mãos manchadas. Disto de darei uma prova convincente. A lei determina que o assassino fique mudo até ao dia em que alguém faça correr sobre ele o sangue expiatório dum animal jovem imolado."(58)

A oposição binária em termos de vida e morte ocorre também na crença sebastianista da Ilha dos Lençóis. Na tragédia grega, na sua origem, tal polarização se manifesta: a Dionísio, deus da fecundidade (vida), sacrifica-se em holocausto (morte) uma pessoa humana, que tempos depois seria substituída pelo bode (*tragos*, em grego — daí o nome tragédia). Para os babilônios, Marduk, deus da Luz, decepou o corpo do dragão primordial; desse corpo decepado nasceram o Céu e a Terra, e de seu sangue Marduk criou o gênero humano.

Esse é, aliás, o eixo da analogia estrutural entre a narrativa mítica da Ilha dos Lençóis e a dança dramática do Bumba-meu-boi. O touro, resultado da transformação de Dom Sebastião, precisa morrer a fim de ressurgir o Rei com sua corte. Na crença, mata-se o touro para que viva o Rei; no auto, mata-se o boi para que viva o filho de Mãe Catarina e Pai Francisco. Em ambos os casos, a liquidação do animal — por paradoxal que possa parecer — significa o triunfo da vida sobre a morte, a redução da incerteza e a posse de novo equilíbrio. É a redenção (vida) que só se consegue com o sacrifício votivo (morte) do animal. Não é esse o sentido do antigo costume judaico do bode expiatório ou da expiação pelo holocausto, da tragédia grega no seu início, de ritos de iniciação em que se imolam animais, praticados por alguns povos africanos, e do sacrifício cristão do Cordeiro de Deus? A morte assume aqui características ambivalentes: ela não significa fim, mas renascimento; ela está prenhe de vida, ou seja: o velho cede lugar ao novo.

O motivo da morte — renovação — fertilidade se exprime pela associação *eliminação física e nascimento.* Goethe no livro *Viagem à Suíça e à Itália* nos descreve uma cena do carnaval romano em que uma mulher grávida dá à luz no exato momento em que era assassinada. Rabelais, cuja obra deita suas raízes na cultura popular da Idade Média, recorre a esse mesmo motivo para descrever o nascimento de Pantagruel, cuja mãe morre de parto. Ainda esse autor, no *Pantagruel,* ao referir-se ao primeiro assassinato da História, o de Abel por Caim, afirma que a terra tornou-se *fértil* com o sangue do justo: "... pouco depois que Abel foi morto por seu irmão Caim, a terra embebida com o sangue do justo mostrou-se naquele ano tão fértil em todos os frutos. (59)

Bakhtine comenta essa passagem de maneira bastante judiciosa: "A primeira morte (segundo a Bíblia, a morte de Abel foi a primeira na Terra) aumentou a fertilidade da terra, a fecundou. Encontramos a associação do assassínio com a gravidez, apresentada aqui sob o aspecto cósmico da fertilidade da terra. A morte, o cadáver, o sangue, o grão metido no solo, faz erguer-se a nova vida: trata-se aí de um dos motivos mais antigos e mais difundidos. Dele conhecemos outra variação: a morte semeia a terra que alimenta e faz parir." (60)

Assim, nesse sistema de imagens, a morte não põe fim a nada de essencial, mas ela renova o corpo procriador nas gerações futuras. O nascimento do novo surge das entranhas da morte, que fecunda a vida. Esse o sentido universal dado pela cultura popular cujos traços encontramos no mito do touro encantado e no auto do Bumba-meu-boi.

Na Ilha dos Lençóis, há muitos albinos entre a população, e isso já foi objeto de pesquisa por parte de uma equipe de geneticistas da Universidade Federal do Paraná. Muitas pessoas lá nos disseram serem os albinos filhos do Rei Sebastião. Uma mulher, que entrevistamos, e que teve um filho albino, acredita ter sido fecundada pelo Rei Sebastião, tendo com ele se relacionado em sonho. Há ainda, segundo uma moradora do lugar, dona Emelina Santos Silva, outra maneira de manter-se relação com Rei Sebastião: "As mulheres que botavam filhos *brancos* [albinos], quando estavam gestantes, tiravam a calcinha e sentavam na areia branca das dunas em noite de lua." Porventura numa evocação arquetípica da fecundação telúrica presente em algumas culturas arcaicas.

Assim, Dom Sebastião encarna também a figura do *pai*, além daquela do *macho* fecundante representado pelo touro, símbolo da virilidade.

Esse fato nos evoca a assertiva de Mircea Eliade: "O sagrado é o *real* por excelência, ao mesmo tempo poder, eficiência, fonte de vida e de fecundidade." Ou seja: "Para o homem religioso, o 'sobrenatural' está indissoluvelmente ligado ao 'natural' [...] a natureza exprime sempre qualquer coisa que a transcende." É a tendência, segundo ele, dos membros de sociedades arcaicas viverem em um clima do sagrado ou muito próximos de objetos consagrados. (61)

Na literatura portuguesa da Idade Média, Gil Vicente, fundador do teatro lusitano, no seu *Monólogo do Vaqueiro ou Auto da Visitação,* em que festeja o nascimento do Príncipe Dom João, filho da Rainha Dona Maria, compara o recém-nascido a um messias, assimilado à figura de um boi.

*

Há também o motivo do fogo: o touro encantado põe fogo pelas narinas, qual Leviatã, monstro da mitologia fenícia mencionado na Bíblia, e a festa de São João é celebrada, entre nós, com fogueiras. É antigo o costume de celebrar-se o solstício com fogo (o solstício de inverno no hemisfério sul é a 21 de junho).

Virgílio alude, nas *Geórgicas,* ao fato de que

Jasão atrelara ao arado bois que soltavam fogo pelas narinas, plantando os dentes do dragão, a fim de surgirem novos guerreiros.

> *Por touros não lavrada ignispirantes,*
> *Da Hidra jamais os dentes lhe plantaram,*
> *De homens hirta seara e de elmos e hastas,*
> *Porém grávidos pães, mássico brômio,*
> *Nédios armentos e olivais a enfeitam* (62)

Mircea Eliade, em seu *O Sagrado e o Profano*, referindo-se ao ritual védico de tomada de posse de um território, informa que "a posse torna-se legalmente válida pela erecção de um altar do fogo consagrado a Agni." Para Eliade a construção de um altar do fogo, além de assegurar a comunicação com o mundo dos deuses, simboliza a reprodução da Criação. "Todos aqueles que constróem um altar do fogo estão legalmente estabelecidos."(63)

Na Paris do século XV, o dia de Reis e a Festa dos Loucos eram celebrados com uma fogueira, entre outras coisas, como relata Victor

Hugo no romance *Notre-Dame de Paris*: "Em 6 de janeiro, o que *colocava em estado de emoção todo o povo de Paris*, como diz Jehan de Troyes, é a dupla solenidade, reunida desde um tempo imemorial, do dia de Reis e da Festa dos Loucos. Nesse dia, devia haver fogueira na Grève, plantação de árvores de maio na capela de Braque e mistério no Palácio de Justiça." (64)

Goethe no seu relato de viagem à Itália nos descreve também uma cena carnavalesca em que o fogo é o motivo principal: um cortejo com labaredas dentro de um corso. Cada pessoa leva uma tocha, e o jogo consiste em tentar apagar a do vizinho, aos gritos de *Sia ammazzato chi non porta moccolo:* Morte a quem não leva o fogo. O fogo é, dessa forma, associado à ameaça de morte, como nos relata Bakhtine. Na Idade Média, os considerados hereges eram levados à fogueira; e há também a questão da cura pelo fogo, na presunção de que o fogo purifica os males da alma. Não é por acaso o aforismo de Hipócrates:

Quod medicamentum non curat, ferrum curat: quod ferrum non curat, ignis curat: quod ignis non curat, immedicabile censetur – "O que o remédio não cura, o ferro cura; o que o ferro não cura, o fogo cura; o que o fogo não cura, é considerado incurável." Daí talvez a origem da expressão "a ferro e fogo".

Goethe ao comentar tal cena diz que *"Sia ammazzato* torna-se naquela noite a palavra de adesão, o grito de alegria, o refrão de todas as galhofas, as chacotas e os cumprimentos."(65)

Bakhtine enriquece essa análise com outras observações: "Em todas as associações citadas, nas quais o desejo de morte serve para exprimir a alegria, uma reprimenda condescendente, a adulação e o cumprimento (loas), a significação inicial não desaparece nem um pouco: ela cria, ao contrário, o caráter e o charme específico desses votos e expressões do carnaval, impossíveis em outros períodos. Trata-se precisamente da conjugação ambivalente da injúria e do elogio, do voto de morte e do voto de bem-estar e de vida na atmosfera da festa do fogo, isto é, da combustão e da ressurreição."(66)

O povo que participa do carnaval, os foliões, é o senhor do mundo inundado de claridade. A multidão comunga objetivamente com o sentimento da sua eternidade, da sua imortalidade, do porvir histórico e da sua renovação incessante. O fogo purifica, portanto, renova.

É esse o espírito expresso nos versos de Goethe sobre a fogueira de São João, comentados pelo próprio poeta nas *Conversations de Goethe recuei1lies par Eckerman:*

> *Não proíbam jamais as fogueiras de São João,*
> *E que a alegria nunca se perca*
> *Sempre agitaremos velhas vassouras*
> *E sempre novas crianças nascerão.* (67)

Não há que esquecer igualmente a função do fogo nos rituais propiciatórios descritos em

Levítico: serve para queimar partes do holocausto e liberar o aroma do incenso, agradável ao Senhor.

Ainda na Bíblia, encontramos menção ao fogo como elemento purificador: "... disse João a todos: Eu, na verdade, vos batizo com água, mas vem o que é mais poderoso do que eu, do qual não sou digno de desatar-lhe as correias das sandálias; ele vos batizará com o Espírito Santo e com fogo." Em Atos, lemos: "Ao cumprir-se o dia de Pentecostes, estavam todos reunidos no mesmo lugar; de repente, veio do céu um som, como de um vento impetuoso, e encheu toda a casa onde estavam assentados. E apareceram, distribuídas entre eles, línguas, como de fogo, e pousou uma sobre cada um deles." Isaías igualmente refere-se ao fogo: "Então, um dos serafins voou para mim, trazendo na mão uma brasa viva, que tirara do altar com uma tenaz; com a brasa tocou a minha boca e disse: Eis que ela tocou os teus lábios; a tua iniqüidade foi tirada, e perdoado o teu pecado."(68)

Por outro lado, a antiga legislação hebréia

previa a pena de morte por *causticação* ou *purificação através do fogo*, usada para alguns delitos, entre os quais a conjunção carnal com a sogra.

Na cultura cigana existe a associação do fogo com a estrela de cinco pontas. É possível que haja influência da cultura romani na lenda sebastianista do Maranhão. No século XV, ciganos chegaram à Espanha, vindos dos Pirineus. Diante da perseguição, foram para Portugal. No ano de 1760, muitos ciganos foram enviados para o Brasil como degredados, instalando-se no Maranhão, Pernambuco e Bahia.

É conhecido na cultura cigana a vidência utilizando-se o fogo, em que o vidente decifra as imagens que "vê" nas labaredas. Associada ao fogo está a estrela de cinco pontas. Na cultura romani, a simbologia da estrela vincula-se a uma espécie de convite para um encontro com os senhores do fogo.

Na narrativa da Ilha dos Lençóis, o

significado da estrela que o touro traz à testa relaciona-se com a essência messiânica da lenda. Símbolo judaico, a estrela está ligada à idéia da vinda de um messias. Tanto no Antigo quanto no Novo Testamento, encontramos referências à estrela como prenúncio messiânico. (69)

No sincretismo cultural que se processa no Brasil, já existe a assimilação desse signo messiânico por certos cultos de origem africana. No *ponto* que damos a seguir, ele é o sinal da divindade do panteon Vodum, Légua-Boji:

Em cima daquele morro
Eu vi uma estrela brilhá
E era o sinal de meu pai
Légua-Boji, Boji-Buá

*

O nascimento do novo está ligado ao motivo da fertilidade, da fecundação. Arthur Ramos registra o fato de que os Ba-Naneca (povo bantu), por ocasião da colheita, conduziam um boi em procissão entre danças e cantorias. (70) Tal prática ritual tem como motivo a fecundação, também presente no mito zodiacal do touro, que comemora a força fecundante do sol; no culto ao boi Ápis, símbolo da fecundidade da natureza; na tragédia grega, cuja origem vincula-se ao culto a Dionísio, deus do vinho e da fecundidade, e nas colunas salomônicas dos retábulos barrocos, onde aparecem juntos crianças, frutos e folhagens numa visível comemoração à fertilidade e à vida.

A lubricidade de danças de origem africana como o batuque ou o samba-de-roda prende-se à função, de caráter mágico, de rito de fertilidade.

Em algumas regiões de Portugal, a Virgem Maria é adorada na imagem duma mulher grávida: Nossa Senhora do Ó. E é antigo o costume entre os portugueses de as mulheres estéreis friccionarem a região genital com a imagem de São Gonçalo do Amarante, na esperança de poderem um dia procriar.

*

Analisemos agora o repasto totêmico. As imagens de alimento estão ligadas às imagens do corpo e da reprodução (fertilidade, crescimento, gravidez). As imagens de banquete na festa popular possuem uma tendência inerente à abundância e à universalidade.

No sistema de imagens da Antigüidade, o alimentar-se era o coroamento do trabalho. O encontro do homem com o mundo, através do trabalho, terminava pela absorção de alimentos, ou seja, absorção de uma parcela extraída do mundo.

O trabalho e o alimentar-se eram coletivos, toda a sociedade participava de igual modo. Esse ato coletivo de comer possuía a característica, não de um simples ato biológico, mas de um acontecimento social. No sistema de imagens do povo, que ganha sua vida na labuta cotidiana, as imagens de banquete conservam seu universalismo e "seu nexo essencial com a vida, a morte, a luta, a vitória, o triunfo, o renascimento. É a razão pela qual essas imagens continuarão a viver, em seu sentido universalista, em todos os domínios da obra criadora popular". (71)

Fernando Ortiz refere-se a uma cerimônia de iniciação praticada pelos nhánhigos de Cuba, onde os temas do sacrifício ritual do bode e o repasto totêmico (banquete) aparecem juntos: "As tradições dos nhánhigos de Cuba, que provêm em parte das arcaicas sociedades de *homens-leopardos* de África, dizem que nos tempos antigos as sociedades secretas ou "potências" do rito nhánhigo na África (nho é "leopardo" na linguagem bantu, e daí diz-se nhanhango), para a liturgia das iniciações, sacrificavam um ser humano e que de seu corpo os iniciados tinham de comer.

"O sacrifício africano faz-se agora matando-se um cabrito (mbori) ou um galo (enkiko) e com o sangue e a carne do animal e muitos vegetais, ervas e substâncias mágicas, prepara-se a *mokuba* e o manjar homofágico. [...] Uma vez consagrada a bebida e a comida, procede-se a comunhão geral. Primeiro com os antepassados e com os entes misteriosos do espaço, a cujo efeito o *Ireme Eribangandô*, que é o mistagogo dessa liturgia, antes de oficiar a comunhão com os neófitos, lança pedaços de carne aos quatro ventos e envia outros ao rugente Ékue, o qual preside o mistério, e aos mortos do campo-santo. Logo, todo iniciado para ser okobio forçosamente tem de beber dessa *mokuba* e comer de carne sagrada."(72)

Na Casa das Minas, em São Luís do Maranhão, residência comunitária e lugar de culto afro-brasileiro de origem daomeana, são comuns os banquetes rituais. O antropólogo Nunes Pereira, que tão bem conhecia aquela comunidade, escreveu a esse propósito: "Não se compreende uma festa 'grande', de 'obrigação', de 'pagamento' sem quitutes e bebidas, postos diante dos Santos, primeiro, e, depois, distribuídos pelos fiéis." (73)

E há outras religiões em que, após o culto, é oferecida uma colação aos presentes. Há na cultura judaica o *seder*, refeição ritual realizada na primeira e, eventualmente, na segunda noite da Páscoa (Pessá).

Os primeiros cristãos denominavam *ágape* (termo grego que significa *amor sacrifical*) as refeições comunitárias que simbolizavam a comunhão, a reafirmação de participarem da mesma comunidade.

O *Levítico* também refere-se às ofertas de manjares: "Quando alguma pessoa fizer oferta de manjares ao Senhor, a sua oferta será de flor de farinha; nela, deitará azeite e, sobre ela, porá incenso. Levá-la-á aos filhos de Arão, os sacerdotes, um dos quais tomará dela um punhado da flor de farinha e do seu azeite com todo o seu incenso e os queimará como porção memorial sobre o altar; é oferta queimada de aroma agradável ao

Senhor." (74)

O triunfo do homem sobre o mundo, através da absorção de alimentos, é, em última análise, a vitória da vida sobre a morte, o incessante renascimento.

O motivo do banquete no auto do Bumba relaciona-se com aqueles outros do abate do animal, da retaliação do corpo, da abundância, da deglutição de alimentos e da partilha. Motivos presentes também na narrativa mítica da Ilha dos Lençóis.

O banquete ritual — o *testamento do boi,* pelo que são distribuídos os seus pedaços — expressa o desejo travestido do povo de compartilhar os benefícios de uma sociedade mais justa e mais humana, o desejo de triunfar sobre o mundo e as adversidades. É também um ato de comunhão de pessoas ligadas pela mesma sorte. Não é outro o sentido desse inventário:

> *As tripa fina*
> *É das meninas*

As tripa grossa
É das muié da roça
O coxão
É de seu João
A cabeça
É de quem apareça.

O caráter messiânico é aqui dado pela salvação da vida através da morte, na busca incessante da realização de uma utopia.

O corpo retalhado, decepado, é tema de algumas obras literárias medievais. O *Tratado de Garcia,* que data de 1099, conta que o arcebispo de Toledo vai a Roma para dar de presente ao Papa as relíquias dos mártires Rufino e Albino. O Papa, tomado de grande arrebatamento, pede que lhe sejam trazidos todos os despojos dos santos. É citada toda uma nomenclatura anatômica do corpo: "... os rins de Albino, as entranhas de Rufino, o ventre, o estômago, as nádegas, o traseiro, as costelas, o tórax, as pernas, os braços, o pescoço. Que mais ainda? Todas as partes do corpo dos dois mártires." (75)

Temos ainda o exemplo do poema *O Testamento do Asno*, do século XII, conhecido em toda a Europa. À hora da morte, um asno deixa como herança as partes do seu corpo aos diferentes grupos sócio-profissionais. Tal repartição obedece à hierarquia social: a cabeça vai para o Papa; as orelhas para os cardeais; a voz, para os cantores; os excrementos, para os camponeses (para adubar a terra). A fonte de tal repartição grotesca talvez seja o *Testamentum porcelli* (Testamento do porco), tão difundido entre os estudantes do século IV, segundo informações de Jerônimo, Padre da Igreja.

Assim, conhece-se uma edição de 1853 de um *Testamento do Boi* feita na cidade do Porto. De Portugal vieram também o *Testamento do Judas* e a *Serração da Velha* que comporta um inventário satírico; em Trás-os-Montes, há o do *Porco Bispo*. Exemplos há de testamentos tanto na França quanto na Espanha: do Galo, do Gato, do Burro, o *Grand Testament* de François Villon (1461), etc.

*

Há uma história infantil, "O Touro Azul", (transcrevo no apêndice duas versões da mesma) que se refere a um príncipe encantado na forma de um touro, e que precisaria da ajuda de uma moça para quebrar o encanto. Ela deveria matá-lo e retirar de suas vísceras uma varinha de condão e com ela bater três vezes na estrela que ele trazia à testa. Em ambas existe uma situação de sofrimento: na primeira, a moça que desfez o quebranto era maltratada pela madrasta; na segunda, ela passava por grave momento de penúria material, e era objeto do escárnio das meninas ricas.

É surpreendente a analogia das duas versões d' "O Touro Azul" com a lenda da Ilha dos Lençóis. Os mesmos motivos avultam de maneira inequívoca: a metamorfose do príncipe em touro (bicorporalidade), a estrela na testa, a morte-renascimento, a retaliação do corpo...

Há ainda outros motivos presentes em outros contos maravilhosos: a maldade punida e a bondade recompensada. Na versão n.º 2, constata-se o rebaixamento grotesco indicado pela maldição de botar fezes pela boca. A imagem do excremento está ligada ao *baixo material e corporal,* comum no sistema de imagens da cultura popular da Idade Média, como tão bem demonstrou Bakhtine. A inversão da função da boca, nitidamente carnavalesca, assimilada nesse caso a uma cloaca, também é de natureza grotesca: a boca é um abismo corporal que engole, mas nesse caso expele. O *orifício* no sistema da cultura popular é associado à representação do inferno. Este, no ciclo das lendas celtas, é inclusive chamado de buraco de São Patrício.

A bem da verdade, essa visão rebaixadora do corpo remonta a muito antes da Idade Média. Consoante Uta Ranke-Heinemann, em seu livro *Eunucos Pelo Reino de Deus,* antes do nascimento de Jesus, surge no Oriente, provavelmente na Pérsia, um movimento de natureza profundamente pessimista, chamado *gnosis* (ciência). Escreve essa autora que "o corpo é para o gnóstico o 'cadáver com sentidos, o túmulo que carregamos conosco'". Assim, para ele, a alma humana estaria "acorrentada à prisão escura do corpo".

Ainda segundo Uta Ranke-Heinemann, essa visão é contrária à cosmovisão da Antigüidade, embora os gregos tivessem "familiaridade com a depreciação da matéria – falar do corpo como prisão da alma é remontar a Platão". Tal pessimismo impregnou inclusive a filosofia neoplatônica, que grande influência exerceu em Agostinho – informa-nos a autora em questão. Com efeito, Plotino, o mais destacado neoplatônico, embora tenha ido contra o gnosticismo, foi pelo seu pessimismo contaminado. Em sua biografia escrita por Porfírio, seu discípulo, lê-se: "Ele parecia ter vergonha de possuir um corpo". Essa hostilidade gnóstica ao corpo contaminou igualmente o cristianismo, como afirma Ranke-Heinemann. (76)

Para os habitantes da Ilha dos Lençóis, os "encantados" moram nas profundezas, no fundo da Terra ou do mar, à semelhança do sistema de representação da Antiqüidade greco-romana em que os deuses moravam na superfície da Terra, na água ou embaixo do mundo, exceto Júpiter que tinha como morada o Olimpo.

Camões descreve n'*Os Lusíadas* a morada de Netuno e de algumas deidades que habitam no "fundo das profundas". No "Canto Sexto", os navegantes lusitanos aportam em um reino desconhecido e são bem acolhidos pelo "rei pagão". Os nautas, depois de certo tempo, dando as velas, partem em busca das "terras da Aurora", "que há tanto tempo há já que vai buscando". E que o Céu estava determinado "de fazer de Lisboa nova Roma", deixando assim o Poeta clara a ideologia do expansionismo ultramarino português. Baco vai a Netuno pedir-lhe empenho na destruição da esquadra portuguesa. E é assim que o Poeta descreve o *habitat* do deus dos oceanos:

> *No mais interno fundo das profundas*
> *Cavernas altas, onde o mar se esconde,*
> *Lá donde as ondas saem furibundas,*
> *Quando às iras do vento o mar responde,*
> *Neptuno mora, e moram as jucundas*
> *Nereidas e outros deuses do mar, onde*
> *As águas campo deixam às cidades*
> *Que habitam estas húmidas deidades.*
> *Descobre o fundo nunca descoberto*
> *As areias ali de prata fina;*
> *Torres altas se vêem, no campo aberto,*
> *De transparente massa cristalina;*
> *Quanto se chegam mais os olhos perto,*
> *Tanto menos a vista determina*
> *Se é cristal o que vê, se diamante,*
> *Que assi se mostra claro e radiante.*
>
> *As portas de ouro fino, e marchetadas*
> *Do rico aljôfar que nas conchas nace,*
> *De escultura fermosa estão lavradas.*
> *Na qual do irado Baco a vusta pace:*
> *E vê primeiro, em cores variadas,*
> *Do velho Caos e tão confusa face;*

Vêem-se os quatro Elementos trasladados,
Em diversos ofícios ocupados.

....

Estava a Terra em montes revestida
De verdes ervas e árvores floridas,
Dando pasto diverso e dando vida
Às alimárias nela produzidas.
A clara forma ali estava esculpida
Das águas entre a Terra desparzidas,
De pescados criando vários modos,
Com seu humor mantendo os corpos todos.

(77)

Para Mircea Eliade "as águas simbolizam a soma universal das virtualidades [...], elas precedem toda a forma e *suportam* toda a criação. Uma das imagens exemplares da Criação é a Ilha que subitamente se 'manifesta' no meio das vagas. [...] A emersão repete o gesto cosmogônico da manifestação formal; a imersão equivale a uma dissolução das formas. É por isso que o simbolismo das Águas implica tanto a Morte como a Re-nascença. O contacto comporta sempre uma regeneração: por um lado porque a dissolução é seguida de um 'novo nascimento', por outro lado porque a imersão fertiliza e multiplica o potencial da vida" (78)

Não há que esquecer tampouco da significação do batismo, que provém do grego e quer dizer *imersão*, significando ritualisticamente nascer de novo, a restauração pela água. Tertuliano e João Crisostómo detiveram-se na explicação desse simbolismo. O primeiro, em *De Baptismo* III-IV, escreve que "foi a água a primeira que produziu o que tem vida, a fim de que o nosso espanto cessasse quando ela gerasse um dia a vida no batismo..." E o segundo informa sobre esse sacramento que "ele representa a morte e a sepultura, a vida e a ressurreição... Quando mergulhamos a cabeça na água como num sepulcro, o homem velho fica imerso, enterrado inteiramente; quando saímos da água, aparece simultaneamente o homem novo". (79)

Por outro lado, a morte também para a concepção grotesca significa sempre renovação, renascimento. O corpo não é único, mas *bicorpóreo:* o corpo do animal dissimula o corpo do príncipe: a morte de um propicia o nascimento do outro.

A imagem do touro prenhe do príncipe quer representar justamente essa bicorporalidade, essa ambivalência e a sensação de um mundo perpetuamente inacabado.

O desfecho feliz é a concretização, no plano histórico, da utopia da eterna felicidade. O reino da utopia não está no alto, como queria a representação medieval, mas no porvir.

Por outro lado, é bastante antigo o tema da *metamorfose* e da *identidade*; aparece tanto na mitologia greco-romana quanto no folclore e na literatura, basta lembrar a esse respeito a transformação da ninfa Dafne em arbusto para fugir do amor de Apolo, os contos maravilhosos e as obras de Ovídio e de Apuleio. Nesse sentido, escreve Bakhtine: "A *metamorfose (ou* transformação, principalmente a do homem) e o problema da *identidade* (igualmente sobretudo humana) pertencem ao tesouro do folclore universal primitivo. Na imagem folclórica do homem, a transformação e a identidade estão profundamente unidas. Essa conjunção subsiste sob uma forma extremamente nítida no conto popular. *A imagem do homem dos contos,* não obstante a imensa diversidade do folclore fabuloso, é sempre construída sobre esses mesmos temas da *metamorfose* e da *identidade* (Também, são invariáveis, por seu turno, os detalhes concretos que completam esses temas). A metamorfose e a identidade do homem comunicam-se a todo o universo humano, à natureza, aos objetos criados pela mão do homem." (80)

Para ele, a idéia de metamorfose evolui e ramifica-se em quatro direções: a primeira delas é a filosofia grega onde o conceito de transformação e identidade tem um papel de grande importância, haja vista a obra de Heráclito, Tales, Anaximandro,

Anaximene, Demócrito e Aristófano; a segunda ramificação concerne aos mistérios antigos de caráter religioso, sobretudo os de Elêusis; a terceira é o folclore propriamente dito; e, finalmente, a quarta e última é a evolução da idéia de metamorfose na literatura.

É só à época greco-romana que o termo *metamorfose* terá a acepção específica de mutação de natureza fantástica e mágica de um fenômeno em outro fenômeno, a um estágio tardio de evolução dessa idéia, com a obra *Metamorfoses*, de Ovídio.

Quem não se lembra da transformação de Io em novilha, filha de Ínaco, deus rio, promovida por Júpiter, a fim de esconder de sua esposa Juno a admiração que ele nutria pela bela ninfa de estirpe mortal? Ou da metamorfose, consoante nos narra Ovídio, de Calisto e seu filho Arcas, conduzidos aos céus por Júpiter, tornando-os respectivamente Ursa Maior e Arctofilax, próximos um do outro? Ou ainda da metamorfose de Astréia, deusa da inocência e da pureza, filha de Têmis, deusa da Justiça, que, decepcionada com a Terra, daqui partiu para morar entre as estrelas, transformando-se na constelação Virgo?

Embora na literatura clássica a idéia de metamorfose tenha adquirido um significado estreito, tornando-se tão-somente uma forma de percepção e de representação do destino pessoal do homem (e até de deuses), — na cultura popular, por outro lado, tal idéia conserva a amplitude e a força antigas, significando "o conjunto do destino humano em seus momentos essenciais de crise".

Em seu ensaio sobre Rabelais, Bakhtine nos dá como exemplos do recurso à idéia de metamorfose e de identidade a obra de Ovídio, que trata da transformação de caos em universo organizado, e de César em astro; e a de Apuleio (*O Asno de Ouro*), em que o personagem Lucius transforma-se em asno seguidamente a um equívoco na utilização de um ungüento com virtudes mágicas. A transformação, nesse último exemplo, corresponderia a uma punição, por uma intervenção do acaso ou destino cego, à volúpia, à leviandade e à curiosidade descabida do personagem, até que a deusa Ísis o salva, aconselhando-o a cumprir ritos purificadores a fim de recuperar seu aspecto humano.

Câmara Cascudo recolheu, entre outras, a lenda de origem indígena "Cobra Norato". Uma tapuia, que vivia em Cachoeiri, entre os rios Amazonas e Trombetas, deu à luz gêmeos que nasceram com a forma de serpente dentro de um paranã. À noite, Cobra Norato transformava-se em um rapaz bem apessoado, enquanto o corpo da serpente ficava inerte próximo ao braço do rio. Pela madrugada, antes do nascer do Sol, voltava para a barranca, entrava de novo na cobra, e descia para o paranã. Cobra Norato sempre convidava um amigo para desencantá-lo. Bastava colocar na boca da cobra, enquanto o rapaz houvesse saído, três gotas de leite de mulher e "dar uma cutilada com ferro virgem na cabeça da cobra estirada no areião".

Assim fizeram um dia, e o rapaz desencantou.

Outra lenda constante da mesma coletânea é "A Cidade Encantada de Jericoacara", que fica no Nordeste brasileiro. Reconta a história de uma princesa transformada em serprente com escamas de ouro, "só tendo a cabeça e os pés de mulher." Só no dia em que alguém for imolado perto do portão que dá acesso à furna de acesso ao reino maravilhoso, é que ela desencantará.(81)

Nesse último exemplo, estamos diante de um caso de bicorporalidade e da possibilidade de metamorfose originária, também, como no primeiro, de um ato de natureza mágica. No primeiro exemplo a metamorfose se realiza, bem como a definição da identidade.

De todas as maneiras, a metamorfose poderia constituir também, além da alternância, a recusa do cotidiano (ou o tédio da rotina), considerado como o mais baixo nível da existência, do qual o herói tenta, por todos os meios, liberar-se. Sua trajetória de vida situa-se fora do cotidiano, nele tendo apenas uma de suas etapas. Lucius conhece igualmente a morte, a descida aos infernos e a ressurreição, — o inferno e a tumba correspondendo aí à vida cotidiana.

Ainda, na Mitologia Grega, o touro é um avatar de Zeus (Júpiter, para os romanos).

Os temas da metamorfose e da identidade aparecem de modo nítido no envelope mitológico do messianismo sebastianista na sua versão da Ilha dos Lençóis.

CONCLUSÃO

A crença sebastianista no Maranhão é notável pela sua riqueza simbólica. O mito, aqui também, é produto e fonte do sonho cotidiano de vida melhor nutrido por aquela população de pescadores e embarcadiços. Populações que se encontram em um estado de miséria extrema recorrem ao imaginário para aliviar as frustrações que a realidade lhes impõe. O sonho-de-olhos-abertos, o fantástico, realiza desse modo uma catarse coletiva, amainando as tensões à medida que oferece a esperança ilusória de uma época que há de vir, de opulência e felicidade. A utopia se opõe ao real e serve para mascará-lo. A utopia remete-nos para um projeto de lugar, a uma promessa de cumprimento de um pacto, de uma aliança; remete-nos a um paraíso, enfim, esse lugar fechado e protegido onde se vive sob o império do bem. A Bíblia não trataria, em definitivo, de uma utopia? Em todo caso, as crenças milenaristas e messiânicas só florescem em solo no qual a miséria e/ou a desagregação cultural servem de adubo.

Das dunas de Lençóis emanam poderes cósmicos reconhecidos pelos habitantes do vilarejo, cujo símbolo maior é a figura do monarca português. Ele é visto igualmente como o protetor daquele lugar, o guardião da beleza e da integridade que todos querem incorruptíveis. Por conseguinte, Dom Sebastião representa o pacto, a aliança, do homem com o universo face ao medo cósmico, diante de possíveis catástrofes que poderiam ocorrer naquela comunidade por demais vulnerável em virtude de seu isolamento e estado de abandono. E guardião de Lençóis significa protetor de seus habitantes e de seu meio ambiente. Ele não só fecunda, mas também preserva. É significativo, de igual modo, que ele apareça aos olhos daqueles pescadores embaixo de pés de plantas medicinais. Plantas que restituem a saúde das pessoas, que ajudam e não ofendem, numa aliança entre o homem e aquilo que a natureza põe a sua disposição.

A vida triunfa sempre sobre a morte (ou assim deveria ser), mediante a ressurreição, a renovação. Essa a mensagem fundamental da escatologia cristã que impregna profundamente a alma do povo e exprime-se através do folclore, através do sistema de imagens e representações da cultura popular.

No messianismo sebastianista da Ilha dos Lençóis não existe profeta nem um corpo de doutrinas, mas tão-somente alguns preceitos. Não há ritual, mas apenas uma exigência mágica fundada num ato de coragem, e uma sensação do mundo baseada na crença de que é possível a transformação. Essa a promessa. Uma transformação sempre adiada, porque acaba prevalecendo o medo cósmico. Enquanto isso, o sonho continua a alimentar essa forma de dialética da esperança. Ilusória? Utópica? Certamente. Mas em todo caso, ajuda a viver, enquanto o messias não vem...

APÊNDICE

O Touro Azul; Documento 1

Era uma vez uma menina que vivia sofrendo muito, maltratada por sua madrasta.

Maria — era assim o nome da menina — sempre pensava em fugir daquela casa, onde só ela trabalhava, enquanto as outras moças, filhas da dona da casa, podiam passear e dormir o quanto quisessem. Maria, porém, não tinha para onde ir.

Certo dia, quando Maria chorava porque a madrasta malvada havia lhe dado uma surra, apareceu um touro azul com uma estrela de ouro na testa. O touro disse à menina:

— Eu sei por que tu choras. Monta nas minhas costas que eu te levarei para longe daqui, onde serás muito feliz em minha companhia.

— Mas, como? — perguntou Maria. — Não tenho uma casa para onde ir.

— Vamos. Terás quantas casas quiseres.

Maria apanhou seu vestidinho, fez uma trouxinha, saiu escondida de casa e pulou nas costas do touro.

O touro andou, andou... e quando chegaram num campo muito verde e florido, o touro parou e disse:

— Agora desce.

A menina desceu e o touro pediu:

— Agora arranca um dos meus chifres e me sangra.

A menina começou a chorar. Se ela matasse o touro, ficaria sozinha, no meio do mato.

O touro disse:

— Não chores. Não é preciso ter medo. Eu não te deixarei sozinha. Olha, eu sou encantado, e a fada minha madrinha disse-me que o encanto só terminará no dia em que uma moça precisar de meus favores. Essa moça deverá então matar-me, limpar o meu fato, tirar de dentro da minha tripa mais fina uma varinha de condão, e com ela bater três vezes na estrela de ouro que tenho na testa. Só então me desencantarei, e me casarei com essa moça, e seremos felizes por toda a vida.

Maria enxugou o rosto e fez tudo conforme o touro lhe havia dito. E, quando bateu três vezes na estrela, o touro se transformou num príncipe, e o campo, num palácio muito rico.

O príncipe casou-se com Maria e foram muito felizes.

Tempos depois, a madrasta de Maria ficou muito pobre, e veio com suas filhas para serem empregadas da princesa, que era a mesma Maria que elas tanto haviam humilhado antes. Maria, entretanto, ficou com pena delas e deu título de nobreza para todas e disse que o mal se paga com o bem.

O Touro Azul; Documento 2

Era uma vez uma menina muito pobre que sofria muito porque não tinha nem o que comer. As outras meninas eram ricas; tinham muitos vestidos e jóias e tudo.

Certo dia, passou um touro e bateu na porta das casas das meninas ricas, dizendo sempre:

— Olha, eu sou encantado. Para quebrar o meu encanto é preciso que uma moça me mate, limpe meu fato, tire de dentro de minha tripa mais fina uma varinha de condão e bata com ela, três vezes, na minha testa.

As meninas ricas riram do touro. Uma delas disse:

— Eu não sou empregada pra lavar fato.

Outra disse:

— Deus me livre de me casar com um touro.

O touro chorava e pedia e elas riam e riam.

Até que uma delas disse:

— Por que o touro não vai procurar a menina pobre? Ela está acostumada a lavar fato e talvez queira se casar com um touro.

— Onde é a casa dela? — perguntou o touro.

— Ela não tem casa; ela mora debaixo da mangueira grande — respondeu uma das meninas.

O touro então foi procurar a menina pobre e contou-lhe sua história. A menina pobre ficou com muita pena do touro e fez tudo conforme ele pediu. Então o touro transformou-se em um príncipe, e disse:

— Agora, as meninas ricas que riram de mim vão ser castigadas. Toda vez que elas falarem, vão lhes sair fezes pela boca.

E assim aconteceu. As meninas ricas ficaram muito tristes e choravam, choravam...

Enquanto isso, a moça pobre que se tinha casado com o príncipe e se tornado princesa vivia muito feliz em seu palácio. Toda vez que falava, caíam estrelas de ouro da sua boca. Mas quando viu as outras meninas tão tristes e tão infelizes, pediu ao príncipe para retirar-lhes a maldição. O príncipe atendeu o seu pedido e viveram todos felizes por muitos e muitos anos.

Documento 3

Dom Sebastião, que aparece em forma de touro na noite de São João, é recebido nos *terreiros de mina* e de *cura*. Ele é Pai de Terreiro e chefe de uma *linha* ou família de "encantados".

É interessante observar-se que de um messias que há de vir, ele passa a ser cultuado como uma divindade fetichista.

Damos a seguir a *linha* chefiada por Dom Sebastião.

Rei Sebastião (também denominado de Xapanã, Ossi e Oxosi).

Rainha Bárbara (mulher de Rei Sebastião.

Na *linha* de *cura,* Rainha Bárbara é denominada Iemanjá).

João de Una (filho de Rei Sebastião).

Princesa Flora (filha de Rei Sebastião e de Rainha Bárbara. Princesa Flora é casada com Corre Beirada, divindade zombeteira e irresponsável que tem o vício da bebedeira).

Todas essas divindades (ou *invisíveis*) residem nas praias da Ilha dos Lençóis, juntamente com inúmeros vassalos, alguns dos quais citamos a seguir:

Cabocla Ita
Cabocla Mariana
Cigana Margarida
Seu Lourenço

Pontos do Rei Sebastião; Documento 4

Eu sou Rei, eu sou Rei,
Sou Rei Sebastião
Quem desencantá Lençó

Bota abaixo o Maranhão

Sebastião tem tesouro
Lá na mina de ouro.
Ele pode, ele manda
Amansá o touro
Xapanã me mandou andá.
Andei, andei, andei...
Andei de noite, andei de dia;
Andei de noite...— ora, Xapanã me mandou
andá.
Ele é Sebastião,
Vem no rolo do mar, ah, ah...
Vem no rolo do mar, ah, ah....

Ele é pai de Terreiro,
Naguma imperiá, ah, ah...
Naguma imperiá, ah, ah...

Eu ando passeando,
Eu venho de Caçacoeira.
Na minha casa, onde eu moro,
É no rio das Lavadeiras.

Em cima daquele morro

Eu vi raios de sol.
Em cima do mesmo morro...
—É o Rei dos Lençol.
Meu Pai é Rei D. João,
Meu Pai é Rei D. João;
Subindo morro de areia,
Meu Pai é Rei D. João.

O meu Rei Sebastião
É guerreiro militá;
Ai, Xapanã, ele é o pai de terreiro,
Vem de guna reá.
Eu sou moço bonito
Vestido em cor de pavão;
Eu sou moço bonito,
Neto do Rei Sebastião.

Rei Sebastião é o guerreiro militá
Rei Sebastião é o guerreiro militá
Ei Xapanã, ele é pai de terreiro
Estes terreiros dentro d'água e mareá
Ei Xapanã, ele é pai de terreiro
Estes terreiros dentro d'água e mareá.

Rei Sebastião quando venceu a guerra
E foi com a sua espada na mão

Rei Sebastião, Rei Sebastião
Venceu a guerra com sua espada na mão.

Quem quiser dá no meu touro
Vai na praia de Lençol
Este touro é malvado
Ele é de Rei Sebastião.

Quem quiser bater meu touro
É com a vara de ferrão
Meu touro é malvado
Ele é de Rei Sebastião
Jô, Jô chama Jobê
Chama Jobê, chama Jobê, Xapanã
Ma Jobê
Jô, Jô, chama Jobê, chama Jobê, chama Jobê
Xapanã
Ma Jobê
Ossi, Olelé, Ogum
Olelé de Boqueirão
Oxossi de Belequê, Belequê-bebê-ná
Seu João de Una, estrela d'Alva alumiou
Seu João de Una, sua estrela brilhou
Seu João de Una, estrela d'Alva alumiou
Seu João de Una, sua estrela brilhou

Depoimento do Sr. Raimundo Nonato Pires, 54 anos, pescador da Praia do Boqueirão, em São Luís do Maranhão; Documento 5

O Dom Sebastião, que eles chamam Rei Sebastião, aqui, até os curador chamam Rei Sebastião, eu nunca vi. Vejo eles dizer (via!)... eles dizer que sempre ele parecia nessa beira de praia, no Boqueirão, virado num touro, muita gente via, mas eu nunca vi. O que eu vi mais era o curador falar, cantar: "Rei Sebastião, Rei Sebastião...", mas não sei quem é Rei Sebastião; agora sei que... lá teve aqui no porto do Itaqui, quando estavam fazendo o cais do porto do Itaqui, lá o porto do Itaqui andou matando uma porção de *cafandrista;* então lá disseram que era por causa disto: porque Rei Sebastião não queria; que isto estava em riba do reinado dele lá. Aí chamaram Cupertino pra fazer esse serviço lá; foi um serviço que fizeram lá na beira da praia, muito bonito lá, e tudo... Então eles chamaram o Rei Sebastião lá, ele apareceu lá, ele saiu lá, *encostado* lá num outro; então eles fizeram um acordo com ele; foi que desta vez pra cá nunca mais também morreu *cafandrista.* Eu quase que acredito, tá vendo, e, ou aliás acreditei; eles fizeram mesmo o porto dessa época pra cá. Agora, eu não sei se fizeram porque o Rei Sebastião quis, ou se foi porque Deus quem quis. Eu sou uma pessoa que eu acredito numas certas coisas, mas na mesma hora que tou acreditando eu tou em dúvida, ainda mais em negócio de encantaria. Acredito assim, naquela palavra de Deus que ele deixou, eu acredito porque está escrito na Bíblia, aí eu acredito, mas nem toda coisa eu vou acreditando assim não. Porque eu acredito que existe até encantaria, mas assim pra todo mundo tá vendo, todo mundo tá querendo ele, eu acho que não, também não pode ser, aí tem as pessoas determinadas, né, pra ver essas coisas.

Eu pelo menos não vejo.

O pessoal aí do Canto do Raspador eles faziam esse contato lá pelo Lençol, trabalhavam, pescavam pra lá, e tudo, então esse pessoal era quem transitava pro Boqueirão; que era aquele pessoal mais antigo. Agora, nós mais novo não, nós mais novo já nascemo ali no Boqueirão, fiquemo lá e lá mesmo nós se criemo, e saimo de lá pra cá, não saimo pra outra parte.

Agora, tem gente que pode até contar ainda coisa mais do que eu, tá vendo. Porque eu vejo muita gente contar muita lenda de lá que eu fico assim de boca aberta, olhando, porque muita gente vê, eu não vejo não, não tenho assim...

NOTAS

(1) FAYE, Jean Pierre. *Théorie du récit*, p. 1-7.

(2) FIORI, Joaquim de. *Concordia et veteris et testamenti. Apud* DELUMEAU, Jean. "Uma Travessia do Milenarismo Ocidental". In: ___. *A descoberta do*

homem e do mundo, p.444.

(3) Referente à doutrina de Joaquim de Fiori, monge cisterciense, que vaticina a vinda do Messias para meados do século XIII. Tal doutrina exerceu forte influência no clero, notadamente nos franciscanos que vieram para a América.

(4) VIEIRA, António. "Sermão de Ação de Graças pelo Nascimento do Príncipe Dom João". In: ___. *Sermões,* vol.
4. Erechim: EDELBRA, 1998. p. 298-99

(5) *Daniel* 2. 31-45
(6) VIEIRA, António. *Op. cit.,* p. 233-237

(7) *Idem,* p. 289-292

(8) Cf. CISNEROS, Luis Ulloa & CAZORLA, Emílio Camps. *Historia de España;* gran Historia general de los pueblos hispanos t. 4, p. 135-40.

(9) SERRÃO, Joel. *Do sebastianismo ao socialismo em Portugal.* p. 28

(10) *Id. ibid.,* p.29.

(11) *Id. ibid.,* p. 31.

(12) António Vieira. "Serman de S. Sebastian pregado na Igreja do mesmo Santo de Accupe, termo da Bahia". *Apud* SERRÃO, Joel. *Do sebastianismo ao socialismo em Portugal,* p.31

(13) CANTEL, Raymond. *Prophétisme et messianisme dans l'oeuvre d'Antonio Vieira*, p. 34.

(14) VIEIRA, António. "Sermam de S Sebastian pregado na igreja do mesmo santo de Accupe, termo da Bahia". *Apud* CANTEL, Raymond. *Op. cit.*, p. 34.

(15) SILVESTRE FERNANDES. "A Ilha dos Lençóis", excerto. In: ___. ANTOLOGIA da Academia Maranhense de Letras 1908-1958, p. 197.

(16) Tambor de mina ou terreiro de mina (também denominado de terreiro de cura) é o lugar de culto religioso afrobrasileiro ligado às antigas crenças animistas de Daomé e da Costa da Mina, freqüentemente em sincretismo com manifestações religiosas de origem indígena.

(17) Cântico litúrgico dos cultos afrobrasileiros.

(18) SILVESTRE FERNANDES. *Op. cit.*, p 197.

(19) Designação indígena de mãe-d'água

(20) SILVESTRE FERNANDES, ibidem.

(21) *Gênesis* 2. 9

(22) *Apocalipse* 21. 11, 23 e 22. 2

(23) *Deuteronômio* 8. 7-10

(24) CURTIUS, Ernest Robert. *Literatura européia e idade média latina*, p. 194-5.

(25) *Id. ibid.*, p. 193.

(26) HOMERO. *Odisséia*, p.271.

(27) BULFINCH, Thomas. *O Livro de ouro da mitologia;* história de deuses e heróis, p. 8.

(28) CURTIUS, Ernest Robert. Op. cit. p. 193-4.

(29) PETRÔNIO. *Apud* CURTIUS, Ernest Robert. *Op. cit.*, p. 202-3.

(30) TIBERIANO. *Apud* CURTIUS, Ernest Robert. *Op. cit.*, p.203.

(31) CURTIUS, Ernest Robert. *Op. cit.*, p. 204-5.

(32) CURTIUS. *Op. cit.* p. 206.

(33) SEVILHA, Isidoro de. *Etimologia. Apud* HOLLANDA, Sérgio Buarque. *Visão do paraíso*, p. 154.

(34) HOLLANDA, Sérgio Buarque. *Visão do paraíso*, p. 163.

(35) CAMÕES. *Os lusíadas*, "Canto Nono", p. 326 e segs.

(36) HOLLANDA. *Op. cit.* p. 168

(37) Dentro da lógica do pensamento vieirino, no plano espacial, o sítio paradisíaco obviamente situa-se em Portugal, mais exatamente em Lisboa. No "Sermão de Ação de Graças pelo Nascimento do Príncipe D. João", ele faz uma descrição da capital portuguesa, após lhe acentuar o caráter antigo, usando todos os elementos habituais da retórica clássica para descrever o paraíso: "O céu, a terra, o mar, todos concorrem naquele admirável sítio, tanto para a grandeza universal do império, como para a conveniência também universal dos súditos, posto que tão diversos. O céu na benignidade dos ares os mais puros e saudáveis, porque nenhum homem, de qualquer nação ou cor que seja, estranhará a diferença do clima: para os do pólo mais frio com calor temperado, e para os da zona mais ardente com moderada frescura. A terra, na fertilidade dos frutos e na amenidade dos montes e vales, em todas as estações do ano sempre floridos; por onde, desde o nome de Elísia, se chamaram Elísios os seus campos, dando ocasião às fabulosas bem-aventuranças e paraíso dos heróis famosos. O mar, finalmente, na monstruosa fecundidade de suas águas, porque naquela campina imensa, que nem seca o sol, nem regam as chuvas, assim como nos prados da terra pastam os rebanhos

dos gados maiores e menores, assim ali se criam sem pastor os marítimos, em inumerável multidão e variedade, entrando pela barra da cidade em cotidianas frotas quase vivos, tanto para a necessidade dos pequenos, como para o regalo dos grandes: sendo também nesta singular abundância Lisboa, não só a mais provida, senão a mais deliciosa do mundo."

(38) PESSOA, Fernando. *Obra poética*, p. 587-8.

(39) VIEIRA, António. *Livro anteprimeiro da história do futuro*, p. 108.

(40) PESSOA, Fernando. *Op.cit.* p. 85.

(41) SILVEIRA, Simão Estácio da. *Relação sumária das cousas do Maranhão*, p.35.

(42) ELIADE, Mircea. *O sagrado e o profano*, p.44 e *passim.*

(43) CUNHA, Euclides da. "O homem". In: –. *Os Sertões*, p. 136-7.

(44) Vide o ensaio de Roman Jakobson, "Les oxymores dialectiques de Fernando Pessoa". In: ___. *Questions de poétique*, p. 465-485.

(45) PESSOA, Fernando. *Op. cit.*, p. 88.

(46) HOMERO. *Op. cit.* p. 66.

(47) *Id. ibid.*, p.70.

(48) Ver no apêndice as duas versões da história infantil "O Touro Azul".

(49) FREYRE, Gilberto. "O Índio na Formação da Família Brasileira". In: ___. *Casa-grande e senzala*, p 277.

(50) ORTIZ, Fernando. *Los bailes y el teatro de los negros en el folklore de Cuba*, p. 528-9.

(51) VIRGÍLIO. *Eneida*, VI, p 25-6, e *Bucólicas*, Seleno, Égloga VI.

(52) BORGES, Jorge Luis. *El Libro de los seres imaginarios,* p.171.

(53) BRUNEL, Pierre. *Dicionário de mitos literários,* p. 135.

(54) HEGEL, Georg Wilhelm Friedrich. *Filosofia da história*, p. 168 e 177-179.

(55) KEATS, John. "Ode on a Grecian Urn".

(56) BRUNEL, Pierre. *Op. cit.,* p. 135.

(57) *Levítico* 1. 1-9 e 4. 13-21; *Hebreus* 9. 13 , 22.

(58) Ésquilo. *Oréstia*, p. 198-199 e 208.

(59) RABELAIS, François. *Œuvres complètes*, p. 217.

(60) BAKHTINE, Mikhail, *L'oeuvre de François Rabelais et la culture populaire au moyen age et sous la renaissance*, p. 325.

(61) ELIADE, Mircea. *O sagrado e o profano*, p. 32.

(62) VIRGÍLIO. *Geórgicas*, Livro II, pp. 193-4.
(63) ELIADE, Mircea. *Op. cit.*, p. 34.

(64) HUGO, Victor. *Notre-Dame de Paris*, p. 17-18.

(65) GOETHE, Johannes Wolfgang. *Voyage en Suisse et en Italie*, p. 482.

(66) RABELAIS, François. *Œuvres complètes*, p. 217.

(67) *Conversations de Goethe recueillies par Eckermann*, t. 1, p. 278.

(68) *Lucas* 3. 16; *Atos* 2. 1-4; *Isaías* 6. 6.
(69) *Números* 24. 17 e *Mateus* 2. 2, 7, 9, 10.

(70) RAMOS, Arthur. O *Folk-lore negro no Brasil*, p.104 e segs.

(71) BAKHTINE, Michail. *Op. cit.*, p. 248-9.

(72) ORTIZ, Fernando. *Op. cit.* p. 521-2.

(73) NUNES PEREIRA. *A Casa das minas*; culto dos voduns jeje no Maranhao, p. 41.

(74) *Levítico* 5. 14-16.

(75) BAKHTINE, Mikhail. *Op. cit.*, p. 347.

(76) RANKE-HEINEMANN, Uta. *Eunucos pelo reino de Deus*, p. 27-28.

(77) CAMÕES, Luís de. *Op. cit.*, "Canto Sexto", p. 223.

(78) ELIADE, Mircea. *O sagrado e o profano*, p. 105.

(79) *Apud* ELIADE, Mircea. *Op. cit.*, p. 106-107.

(80) BAKHTINE, Mikhail. *Esthétique et théorie du roman*, p. 262.
(81) CASCUDO, Luís da Câmara. *Lendas brasileiras.* p. 25-29 e 48-49.

BIBLIOGRAFIA CONSULTADA

ANTOLOGIA da Academia Maranhense de Letras, 1908-1958. São Luís: Academia Maranhense de Letras, 1958. 263 p.

BAKHTINE, Mikhail. *L'oeuvre de François Rabelais et la culture populaire au moyen age et sous la renaissance*. Paris: Gallimard, 1970. 471 p.

—_. *Esthétique et théorie du roman*. Paris: Gallimard, 1978. 488 p.

BORGES, Jorge Luis. *El libro de los seres imaginarios*. Buenos Aires: EMECÉ, 1998. 267 p.

BRUNEL, Pierre (Org.). *Dicionário de mitos literários*. Brasília: Editora da UnB/ José Olympio Editora, 1997. 939 p.

BULFINCH, Thomas. *O Livro de ouro da mitologia*;

histórias de deuses e heróis. 9. ed. Rio de Janeiro: Ediouro, 2000. 417 p.

CAMÕES, Luís de. *Os Lusíadas*. São Paulo: Abril Cultural, 1979. 489 p.

CANTEL, Raymond. *Prophétisme et messianisme dans l'oeuvre d'Antonio Vieira*. Paris: Ediciones Hispano-Américas, 1960. 275 p.

CASCUDO, Luís da Câmara. *Lendas brasileiras*. Rio de Janeiro: Ediouro, 2000. 176 p.

CASTRO, D. João de. *O Discurso da vida do rey Dom Sebastiam*. Lisboa: Edições INAPA, 1994. 135 p. (Edição fac-similada da edição de Paris, de 1603)

CISNERO, Luis Ullos & CAZORLA, Emilio Camps. *Historia de Espana*; gran historia general de los pueblos hispanos. 3. ed. Barcelona: Instituto Gallach de Libreria y Ediciones , 1967. t. 4

CUNHA, Euclides da. *Os Sertões.* Brasília: Universidade de Brasília, 1963. 474 p. (Biblioteca Brasileira, 5)

CURTIUS, Ernest Robert. *Literatura européia e idade média latina*. Brasília: Ministério da Educação e

Cultura/ Instituto Nacional do Livro, 1979. 667 p.

ELIADE, Mircea. *O sagrado e o profano*; a essência das religiões. Lisboa: Livros do Brasil, s/d. 174 p.

ÉSQUILO. *Oréstia* (Tradução de Manuel de Oliveira Pulquério). Lisboa: Edições 70, 1992.

FAYE, Jean Pierre. *Théorie du récit*. Paris: Hermann,1972. 140 p. (Collection Savoir)

FREYRE, Gilberto. *Casa-grande e senzala.* Rio de Janeiro: José Olympio, 1949. 2 v.

GOETHE, Johannes Wolfgang. *Conversations de Goethe recueillies par Eckermann.* Paris: Charpentier, s.d. t. 1

—_. *Voyage en Suisse et en Italie.* Paris: Hachette, 1878. 504 p.
HEGEL, Georg Wilhelm Friedrich. *Filosofia da história.* 2. ed. Brasília: Editora da Universidade de Brasília, 1999. 373 p.

HOLANDA, Sérgio Buarque de. *Visão do paraíso.* São Paulo: Nacional, 1977. 306 p. (Brasiliana, 333)
HOMERO. *Odisséia* (tradução de Odorico Mendes).

São Paulo: Edusp/ Ars Poetica, 1992. 402 p. (Coleção Texto & Arte, 5)

HUGO, Victor. *Notre-Dame de Paris*. Paris: Maxi-Poche, 1995. 510 p. (Classiques Français)

JAKOBSON, Roman. *Questions de poétique*. Paris: Éditions du Seuil, 1993. 507 p. (Collection Poétique)

LAYTANO, Dante de. "Origens do Folclore Brasileiro". In: ___. *Cadernos de Folclore*, Rio de Janeiro, MEC. Campanha de Defesa do Folclore Brasileiro, (7): 3-4, 1968. Irregular.

LÉVI-STRAUSS, Claude. "Papai Noel Supliciado". In: ___. *Folkcomunicação*, São Paulo: Escola de Comunicações e Artes - USP, 1971. 130 p. (B Texto 14).

___. *Antropologia estrutural*. Rio de Janeiro: Tempo Brasileiro, 1967. 456 p.

MENDES, Manuel Odorico. *Virgílio brasileiro*; ou Tradução do Poeta Latino. 2. ed. atualizada. São Luís: Edufma, 1995. 351 p. (1º vol. *Bucólicas* e *Geórgicas*)

NICOLICH, Conceição. *Rhoraimôs romani;* a sabedoria cigana. Rio de Janeiro: C. Nicolich, 1998. 85 p.

NOVAES, Adauto *et al. A descoberta do homem e do mundo.* São Paulo: Minc-Funarte/Companhia das Letras, 1998. 541 p.

NUNES PEREIRA, *A Casa das minas;* culto dos voduns jeje no Maranhão. Petrópolis: Vozes, 1979. 245 p.

ORTIZ, Fernando. *Los bailes y el teatro de los negros en el folklore de Cuba.* Ciudad de la Habana: Editorial Letras Cubanas, 1981. 602 p.
PESSOA, Fernando. *Obra poética.* Rio de Janeiro: Editora Nova Aguilar, 1977. 842 p.

PROPP, Vladimir. *Morphologie du conte.* Paris: Seuil, 1970. 254 p.

QUEIROZ, Maria Isaura Pereira de. *O messianismo no Brasil e no mundo.* São Paulo: Dominus Editora / Editora da Universidade de São Paulo, 1965. 373 p.

RABELAIS, François. *Oeuvres complètes.* Paris:

Seuil, 1973. 1020 p.

RAMOS, Arthur. *Folk-lore negro no Brasil.* Rio de Janeiro: Civilização Brasileira, 1935. 279 p. (Biblioteca de Divulgação Scientífica, 4)

RANKE-HEINEMANN, Uta. *Eunucos pelo reino de Deus*; mulheres, sexualidade e a Igreja Católica. 3. ed. Rio de Janeiro: Rosa dos Tempos, 1996. 383 p.

SERRÃO, Joel. *Do sebastianismo ao socialismo em Portugal.* Lisboa: Editorial Gleba, 1969. 113 p. (Coleção Horizonte, 4)

SILVEIRA, Simão Estácio da. *Relação sumária das cousas do Maranhão.* São Luís:UFMA/SIOGE, 1979.62 p.

VALE CABRAL."Seres Sobrenaturais", excerto. In: ___. *Antologia do folclore brasileiro.* São Paulo: Livraria Martins Editora, 1965. 2v., v. 1, p. 335.

VIEIRA, António. *Sermões.* Erechim: EDELBRA, 1998. V. Xl.

___. *Livro anteprimeiro da história do futuro.* Lisboa: Biblioteca Nacional, 1983.

ABOUT THE AUTHOR

Pedro Braga

Pedro Braga é escritor, advogado e jornalista. Estudou na École de Hautes Études en Sciences Sociales (Paris I - Sorbonne) e na Université d' Économie, Droit et  Sciences Sociales (Paris II - Assas). Autor de várias obras, compreendendo romances, ensaios, livros infantis e jurídicos.

PRAISE FOR AUTHOR

Este livro fez parte das leituras recomendadas no Curso de Doutorado em Ciência Política da Universidade Técnica de Lisboa.
Sobre ele, o renomado antropólogo francês Claude Lévi-Strauss escreveu: "Muito aprendi com a sua leitura."

— CLAUDE LÉVI-STRAUSS

PRAISE FOR AUTHOR

Em seu livro, a referência ao sebastianismo das classes dominantes é importante para contrapor à sugestão de alguns de que o projeto de Fernando Pessoa teria apontado para o sebastianismo popular; não me parece que o pessoal da Renascença Portuguesa tivesse raízes populares.

- PROFESSOR JOHN PARKER, UNIVERSIDADE DE AVEIRO.

9 798389 110717